DURY (Hrsg.)
Der Trainer und das Recht

Recht und Sport
Herausgegeben vom Konstanzer Arbeitskreis für Sportrecht e.V.
– Vereinigung für deutsches und internationales Sportrecht –

für diesen

Dr. Thomas Bach, Walter Dury, Götz Eilers, Prof. Dr. Wolfgang Grunsky,
Dr. Christian Krähe, Prof. Dr. Dr. Kristian Kühl, Prof. Dr. Bernhard Pfister,
Dr. Eike Reschke, Volker Röhricht, Erika Scheffen, Alfred Sengle,
Prof. Dr. Udo Steiner, Prof. Dr. Peter J. Tettinger, Prof. Dr. Klaus Vieweg.

Der Trainer und das Recht

Herausgegeben von

Walter Dury

Mit Beiträgen von

**Walter Dury, Wolfgang Holzer,
Walfried König**

RICHARD BOORBERG VERLAG
Stuttgart · München · Hannover · Berlin · Weimar · Dresden

2629

Die Deutsche Bibliothek – CIP-Einheitsaufnahme

Der Trainer und das Recht / hrsg. von Walter Dury. Mit Beitr.
von Walter Dury; Wolfgang Holzer; Walfried König. –
Stuttgart ; München ; Hannover ; Berlin ; Weimar ; Dresden :
Boorberg, 1997
  (Recht und Sport; Bd. 21)
  ISBN 3-415-02237-4
NE: Dury, Walter [Hrsg.]; Holzer, Wolfgang; König, Walfried; GT

Gesamtherstellung: Druckerei Schäuble, Stuttgart
© Richard Boorberg Verlag GmbH & Co, 1997

Inhalt

Vorwort 7

Walter Dury 9
Haftung des Trainers
Straf- und zivilrechtliche Verantwortlichkeit

Prof. Dr. Wolfgang Holzer 37
Die Rechtsstellung von Trainern aus arbeitsrechtlicher Sicht
nach österreichischer und deutscher Rechtslage

Dr. h.c. A. Walfried König 51
Anerkennung ausländischer Trainerlizenzen nach deutschem
und EU-Recht

Herausgeber und Autoren 61

Vorwort

Trainer spielen im Sport eine zentrale, häufig eine sehr mächtige Rolle. Erfolg und Mißerfolg der einzelnen Sportler, der Vereine und Verbände, aber auch privater Sportschulen, Studios u. ä. hängen zumeist ganz wesentlich von der Person und vom Verhalten ihrer Trainer ab. Ihr großer Einfluß, ja ihre häufig nahezu unbegrenzte Macht kann – gerade in einer derartigen Leistungsgesellschaft wie im Sport, wo oft genug der Zweck alle Mittel rechtfertigen soll – nur allzu leicht elementare Rechte der Beteiligten verletzen. Insbesondere der Freiheit und Gesundheit, aber auch dem Vermögen der den Trainern anvertrauten Sportler droht Gefahr. Auch die berechtigten Interessen der Vereine, Verbände oder Dritter können geschädigt werden.

Wenn Trainer bestehende Grenzen in unzulässiger Weise überschreiten und dadurch Schäden verursachen, muß die zuständige Sportorganisation, aber notfalls auch der Rechtsstaat den Trainer zur Verantwortung rufen. Dabei ist das Ziehen dieser Grenzen besonders schwierig, da die Frage des im Sport gerade noch Zulässigen zuweilen sehr streitig und von Gesetzes wegen oft nur schwer zu beantworten ist.

Mit diesen Grenzen und den Haftungskonsequenzen straf-, aber auch zivilrechtlicher Art beschäftigt sich *Walter Dury* (Präsident des Pfälzischen Oberlandesgerichts Zweibrücken) in seinem Beitrag über die „Haftung des Trainers".

Die nicht minder wichtigen Fragen des Arbeitsrechts sind Gegenstand des Beitrags von *Dr. Wolfgang Holzer* (Professor an der Universität Graz). Er beleuchtet die Rechtsstellung der Trainer nach österreichischem und deutschem Recht, wobei insbesondere das für die Praxis so wichtige Gebiet der Vertragsauflösung behandelt wird.

Dr. h.c. A. Walfried König (Gruppenleiter im Kultusministerium des Landes Nordrhein-Westfalen) befaßt sich mit der Anerkennung ausländischer Trainerlizenzen. Fragen, die gerade heute, bei weitgehend offenen Grenzen in Europa und einer nie dagewesenen Mobilität eine große Bedeutung für die Sportpraxis haben.

Die Vorträge wurden gehalten bei der Herbsttagung 1995 des „Konstanzer Arbeitskreises für Sportrecht e.V." in Burg/Spreewald zu dem Generalthema „Rechtsstellung des Sporttrainers".

Zweibrücken, 1996   Walter Dury

Haftung des Trainers
Straf- und zivilrechtliche Verantwortlichkeit
von Walter Dury

I. Einleitung

Das Thema „Haftung des Trainers", umfaßt die strafrechtliche (II.) sowie die zivilrechtliche (III.) Verantwortlichkeit von Trainern für ein Fehlverhalten. Ihre arbeits- und vereinsrechtliche Haftung wäre Stoff für ein eigenes Referat.

Meine Recherchen in der Bücherei und meine Rechtstatsachenforschung waren auf diesem Gebiet nicht sehr erfolgreich[1]. Vor allem sind Gerichtsentscheidungen zu diesen Themen nicht zahlreich. Regelmäßig werden die Konflikte – falls sie überhaupt erkannt werden – wohl vereins- oder verbandsintern, teilweise durch Sportgerichte bereinigt. Staatliche Gerichte werden nur selten damit befaßt, obwohl Trainer bei der Ausübung ihres Amtes gewiß öfter als uns lieb ist auch gegen das Gesetz verstoßen.

Überforderung oder Vernachlässigung der Schützlinge, falsche Anweisungen, mangelhafte Hilfestellung oder Aufsicht, alles mit der Folge schwerer Verletzungen, sind leider an der Tagesordnung. Auch kennt man den Trainer, der seinen Manndecker „Eisenfuß" in der Kabine mit entschlossener Miene auffordert, doch „mit allen Mitteln" dafür zu sorgen, daß der gegnerische Spielmacher oder Torjäger „endlich ausgeschaltet" wird; „wir sind hier ja nicht im Mädchenpensionat".

Zudem beherrschen Sex and Crime leider auch unser Thema. Insbesondere Turn- oder Eiskunstlauftrainern werden schwerste Vergehen vorgeworfen. Einige krasse Fälle gehen oder gingen durch die Medien:
– Ein bekannter, erfolgreicher Eiskunstlauftrainer habe einige Mädchen „körperlich und psychisch gequält und mißhandelt sowie durch sexistische Sprüche beleidigt und durch sexuelle Handlungen belästigt"; er habe an einem Mädchen mindestens zwölfmal sexuelle Handlungen vorgenommen und es „mehrfach zum Geschlechtsverkehr aufgefor-

---

1 Für die Hilfe bei der Recherche danke ich dem Chefjustitiar des DFB Götz Eilers, dem Justitiar des DSB Hermann Lotz, dem Kanzler der deutschen Sporthochschule Dr. Eike Reschke und dem Geschäftsführer des LSB Nordrhein-Westfalen Gerd Finger.

dert". Ein anderes Mal soll er ein Mädchen „häufig grundlos geschlagen, gestoßen, gezwickt und gewürgt" haben[2].
- Ein Turn-Landestrainer aus Berlin offenbarte: „Ich wurde von einigen Eltern aufgefordert: Wenn unsere Tochter nicht pariert, hauen Sie ihr eine runter!"[3]
- Ein rumänischer Trainer stieß den Kopf einer Elfjährigen so lange gegen den Schwebebalken, bis das Kind ins Koma fiel und starb. Er wurde zu acht Jahren Gefängnis verurteilt[4].
- Eine frühere deutsche Meisterin der Sportgymnastik berichtete: „Bis zu viermal am Tag mußten wir auf die Waage. Für angebliches Übergewicht gab's einen Strafkatalog. Ich leide heute noch unter Eßstörungen. Der Athlet war nur ein Gebrauchsgegenstand[5]."
- Ein Trainer soll Turnkinder wie folgt mißhandelt haben: Um Hohlkreuze bei Felgen am Reck auszumerzen, habe er den Kindern Schlingen um den Hals gelegt und diese mit den Oberschenkeln verknotet. Um das Aufsetzen der Oberschenkel beim Seitpferd zu verhindern, habe er die Geräte mit Schmirgelpapier oder Reißnägeln drapiert. Die Haltung des Kopfes auf der Brust habe er arretiert mit zehn cm breitem Tapeband über Kopf, Brust und Rücken. Beim Abreißen des Bandes seien ganze Haarbüschel ausgerissen worden; die Kinder hätten größte Schmerzen aushalten müssen[6].
- Ein anderer Turn-Trainer wurde wegen sexuellen Mißbrauchs in sechs Fällen zu zwei Jahren Haft auf Bewährung verurteilt; er hatte seine Schützlinge sexuell belästigt und bei Hilfestellungen eindeutigen körperlichen Kontakt gesucht[7]. Ein Trainer einer Turnformation wurde zu zwei Jahren Haft verurteilt, weil er zwei Vierzehnjährige „im erotisierenden Umfeld" der Tanzschule sexuell genötigt hatte[8].
- Berichtet wurde auch von Trainern, die bei Ausdauersportlerinnen planmäßig Hungerkuren bis zur völligen Magersucht und Bulimie verordneten.
- Den Gipfel der Manipulation deckte eine ehemalige sowjetische Kunstturnweltmeisterin auf. Sie berichtete im Fernsehen glaubhaft, es sei früher üblich gewesen, aussichtsreiche Turnküken vor großen in-

---

2 Stuttgarter Zeitung v. 3. 3. 1995; Expreß Köln v. 4. 5. 1995; Süddeutsche Zeitung v. 4. 3. 1995; inzwischen liegt eine – angefochtene – Verurteilung vor, vgl. Frankfurter Allgemeine Zeitung v. 5. 12. 1995
3 Sport-Bild v. 8. 3. 1995
4 Sport-Bild v. 8. 3. 1995
5 Sport-Bild v. 8. 3. 1995
6 Expreß Köln v. 4. 5. 1995
7 Hamburger Morgenpost v. 20. 4. 1995; Neues Deutschland v. 20. 4. 1995; Die Rheinpfalz Ludwigshafen v. 15. 7. 1995
8 Frankfurter Allgemeine Zeitung v. 22. 9. 1995

ternationalen Meisterschaften zu schwängern, da Frauen im 2. bis 3. Schwangerschaftsmonat besonders leistungsstark seien. Dafür hätten Trainer oder Betreuer gesorgt. Nach den Wettkämpfen hätten diese dann die erforderliche Abtreibung veranlaßt. Vom Sport im ehemaligen Westen ist das nicht bekannt. Allerdings scheint eine „neue Mode" darin zu bestehen, denselben leistungssteigernden Effekt bei Sportlerinnen durch hohe Gaben des Schwangerschaftshormons zu erzielen.

Allgemein läßt sich sagen, daß in der engen Beziehung Trainer – Sportler die Wirklichkeit keinesfalls hinter den Phantasien der Juristen zurückbleibt.

Derartig krasse Fälle scheinen rechtlich ohne besondere Brisanz. Größere Rechtsprobleme werfen Skandale auf, in denen Trainer ihren Schützlingen, zum Teil noch im Kindesalter, mit oder ohne Kenntnis Dopingmittel zur Leistungssteigerung verabreichen. Ähnliches gibt es im Pferde- oder Hunderennsport; dort ist zur Manipulation von Wetten auch die Form des Negativ-Dopings bekannt.

Die Vielfalt der möglichen Rechtsfragen und die Kürze der Zeit zwingen dazu, eine vertiefte wissenschaftliche Auseinandersetzung mit Einzelfragen zu unterlassen zugunsten eines möglichst vollständigen Überblicks über die Gesamtmaterie.

II. Strafrechtliche Verantwortlichkeit des Trainers

Kriminelles Unrecht hat es im Sport natürlich schon immer gegeben, auch wenn die Strafgerichte damit nicht in bedeutendem Umfang befaßt waren. Wo kein Kläger, da kein Richter.

Die enorme Ausweitung des organisierten wie nicht organisierten Sports in unserer Freizeit- und Medienwelt, verbunden mit seiner ungeheuren wirtschaftlichen Bedeutung, hat naturgemäß neue Möglichkeiten zu vielfältigen Straftaten geschaffen[9]. Das gilt natürlich auch für Trainer, die in diesem Sportbetrieb eine tragende Rolle eingenommen haben.

Ein Trainer kann bei einem Verein oder Verband angestellt oder aber sein Amt freiberuflich ausüben, etwa in einem Studio, als Skilehrer u. ä. Er kann aber auch ehrenamtlich tätiger Übungsleiter sein. Diese unterschiedliche Stellung der Trainer ist vor dem Strafgesetz – anders als bei der Frage nach seiner zivilrechtlichen Haftung – grundsätzlich unbeachtlich.

Ich will die Strafbarkeit von Trainern an drei idealtypischen Gesetzesbrechern systematisieren: dem unmoralischen Bösewicht (1.), dem Schinder (2.) und dem Manipulator (3.).

---

9 *Schröder*, in: *Schröder/Kaufmann* (Hrsg.), Sport und Recht, 1972, S. 21 ff

1. Der Bösewicht

Eingangs habe ich einige aufsehenerregende Fälle zitiert, die Schlagzeilen gemacht und die Magazinsendungen des Fernsehens beherrscht haben. Es geht dabei um Trainer, die innerhalb eines bestehenden Unterordnungs- oder Abhängigkeitsverhältnisses ihre Autorität (angeblich oder nachgewiesenermaßen) mißbraucht und dadurch die ungestörte Entwicklung der jungen Sportler beschädigt haben. In diesem Bereich stehen naturgemäß weniger Rechts- als vielmehr Beweisfragen im Vordergrund.

In dieser Grauzone des Sports kommen als Straftatbestände vor allem sexueller Mißbrauch von Schutzbefohlenen unter 18 bzw. 16 Jahren (§ 174)[10], sexueller Mißbrauch von Kindern unter 14 Jahren (§ 176), sexueller Mißbrauch von Jugendlichen (§ 182), Vergewaltigung (§ 177), sexuelle Nötigung (§ 178) oder Förderung sexueller Handlungen (unter 16 Jahre alter) Minderjähriger (§ 180) in Betracht.

Der BGH[11] hat in einer grundlegenden Entscheidung das Merkmal „Schutzbefohlene" i. S. v. § 174 Nr. 1 bei Jugendfußballern bejaht; sie seien dem Trainer zur Ausbildung und Betreuung anvertraut, weshalb er wegen „Unzucht mit Abhängigen" strafbar sein könne. Die Funktion eines Jugendtrainers wurde hier – ganz im Sinne des Sports – zurecht sehr hoch bewertet. Es gehöre zu den Aufgaben eines Trainers einer Jugendmannschaft, Selbstüberwindung, Selbstzucht sowie Ein- und Unterordnung bei den Jugendlichen zu wecken und zu fördern; bei Fahrten habe er insbesondere dafür zu sorgen, daß sie sich sittlich einwandfrei verhielten, weshalb der Trainer für ihre geistige und sittliche Lebensführung mitverantwortlich sei; die jungen Sportler seien von ihrem Trainer auch abhängig, da er erheblichen Einfluß auf die Mannschaftsaufstellungen habe; außerdem seien sie gezwungen, seinen Anordnungen oder Anweisungen zu folgen[12].

Der Tatbestand des § 174 Abs. 1 Nr. 1 (Mißbrauch einer Person unter 16 Jahren) erfordert – anders als bei Nr. 2 – nicht, daß der Täter das Abhängigkeitsverhältnis zur Unzucht tatsächlich ausnutzt; erforderlich und genügend ist hier nur, daß er den von ihm abhängigen Minderjährigen zur Unzucht mißbraucht[13].

Soweit die genannten Tatbestände „sexuelle Handlungen" unter Strafe stellen, enthält § 184 c eine Begriffsbestimmung. „Sexuelle Handlungen" sind nur solche, die im Hinblick auf das jeweils geschützte Rechtsgut von einiger Erheblichkeit sind. Eine nähere Definition enthält das Gesetz

---
10 §§ in Abschnitt II. ohne Gesetzesangabe: StGB
11 BGHSt 17, 191
12 BGHSt 17, 191 (193)
13 BGHSt 17, 191 (194)

nicht[14]. Unverzichtbar ist zunächst, daß die Handlung objektiv einen Sexualbezug aufweist[15]. Handlungen eines z. B. eine Hilfestellung gebenden oder eine Verletzung massierenden Trainers, die äußerlich völlig neutral sind, sollen deshalb auch dann nicht strafbewehrt sein, wenn sie einem sexuellen Motiv entspringen[16]. Das Mitschwingen sexueller Motive macht also eine nach außen hin nicht sexualbezogene Handlung nicht zu einer Straftat. Andererseits wird bei objektivem Vorliegen einer sexuellen Handlung ein besonders subjektives Element in Gestalt einer „wollüstigen Absicht" nicht gefordert[17].

Die sexuelle Handlung muß im Hinblick auf das geschützte Rechtsgut aber von einiger Erheblichkeit sein. Nur unbedeutende Berührungen, selbst wenn sie sexualbezogen sind, werden einen Trainer deshalb nicht zum Straftäter machen[18].

Ein sexuell motivierter Übergriff stellt schließlich auch nicht ohne weiteres eine Beleidigung (§ 185) des Schützlings dar. Denn nicht jede Verletzung des Persönlichkeitsrechts enthält die zur Erfüllung des Tatbestandes erforderliche Kundgabe der Nicht-, Gering- oder Mißachtung der Ehre. Da derartige Übergriffe i. d. R. eher auf positiver Wertschätzung beruhen, müßten schon besondere negative Motive nachweisbar sein[19]. § 185 ist kein allgemeiner Auffangtatbestand für sexuell gefärbte Übergriffe, die nicht vom Sexualstrafrecht erfaßt werden.

2. Der Schinder

Der „harte Hund", der eigene Schützlinge und gegnerische Sportler nicht schont und dadurch die Integrität von Leib und Leben verletzt, steht häufig an der Schwelle zur Sportkriminalität. Die in Frage kommenden Verletzungstatbestände sind teilweise unscharf und oft mit Rechtsproblemen behaftet.

Ehrgeizige, unter größtem Erfolgsdruck stehende Trainer heizen ihre Sportler im Training und im Wettkampf immer wieder an, „machen sie scharf", fordern „das Letzte".

Der gigantische Leistungs- und Erfolgsdruck, oft schon im Schüleralter, hat häufig zur Folge, daß die eigenen Schützlinge physisch und psychisch völlig überfordert und dadurch an Leib und Leben gefährdet wer-

---

14 *Schönke/Schröder*, StGB, 24. Aufl. 1991, § 184 c Rdnr. 4
15 *Schönke/Schröder*, § 184 c Rdnr. 6; BGHSt 29, 338
16 *Schönke/Schröder*, § 184 c Rdnr. 6 m. w. N.
17 *Schönke/Schröder*, § 184 c Rdnr. 7 m. w. N.
18 Vgl. *Schönke/Schröder*, § 184 c, Rdnrn. 14 ff m. w. N.
19 Vgl. *Schönke/Schröder*, § 185 Rdnr. 4; BGHSt 36, 145; OLG Zweibrücken NJW 1986, S. 2960

den. Die Sportler folgen dem Druck ihres Trainers nicht nur, weil sie ihm ausgeliefert sind, wenn sie in ihrem Sport etwas erreichen und vom Trainer gefördert werden wollen, wenn sie für einen Wettkampf nominiert oder bei der Mannschaftsaufstellung berücksichtigt werden wollen. Hinzu kommt der Druck in der Trainingsgruppe. Gemeinsam durchgeführte Übungen oder das Training „Mann gegen Mann" fördern die Gefahr, daß der einzelne Sportler seine Leistungsgrenze nicht erkennt und schließlich schwere Schäden davonträgt. In Wettkämpfen ist häufig zu beobachten, daß der Trainer die Sportler aufstachelt, den Einsatz zu übertreiben und die Gegner zu schädigen.

Schild[20] führt einige markante Traineräußerungen auf: Der bekannte Fußballtrainer Otto R. soll einmal gerufen haben: „Tritt dem Hölzenbein in die Knochen, pack ihn Dir"; der nicht minderbekannte Max M. sagte: „Du brauchst nicht Fußballspielen zu können, Du mußt nur aufpassen, daß der andere nicht Fußball spielt"; ein anderer soll seinem Verteidiger augenzwinkernd geraten haben: „Du kannst ja beim Zweikampf mit dem Torjäger mal nachprüfen, ob dessen Verletzung wirklich schon ganz abgeklungen ist". Wer aktiv Wettkampfsport getrieben hat, könnte diese Reihe leicht durch eigene Erinnerungen ergänzen.

Der Schritt vom erfolgsorientierten Trainer zum Straftäter liegt in diesen Grenzbereichen sehr nahe.

a) Straftaten des Schinders gegen seine eigenen Schützlinge

Körperverletzungs- und sogar Tötungsdelikte stehen in Rede, wenn der Trainer seine Sportler überfordert und dadurch schädigt. Muskelkater, Zerrungen, Übermüdung, Erbrechen, Erschöpfung, aber auch Knochenbrüche, Sehnen- und Bänderrisse, Schädelverletzungen, körperlicher Zusammenbruch, Herzattacken und ähnliches mit schlimmsten Folgen – das ist nicht selten das Ergebnis der harten Gangart des Schinders.

Da sich die Schützlinge im Training und im Wettkampf schinden lassen wollen, kann ein strafbares Verhalten eines Trainers darin nur ausnahmsweise gesehen werden. Zum einen scheidet eine Strafbarkeit aus, soweit es sich bloß um die Förderung einer Selbstverletzung des Sportlers handelt. Eine Fremdverletzung durch den Trainer kann nur dann bejaht werden, wenn der Trainer Tatherrschaft hat, vor allem, weil eine starke psychische Abhängigkeit des Sportlers besteht[21]. Ist der Trainer in dieser

---

20 *Schild*, in: Rechtsverhältnisse der Trainer und Übungsleiter, Schriftenreihe des Württembergischen Fußballverbandes e. V. (Hrsg.), Nr. 29, S. 44 Fn. 22 m. w. N.
21 *Schröder* (o. Fn. 9), S. 35 m. w. N.; *Schild* (o. Fn. 20), S. 37 ff; *Schönke/Schröder*, Vorb. v. §§ 32 ff, Rdnr. 52 a m. w. N.

Weise Herr des Geschehens und findet er sich mit einer körperlichen Schädigung des Sportlers ab, kann er mittelbarer Täter einer Körperverletzung oder sogar Tötung durch den Sportler selbst sein[22].

Zum anderen stellt sich die Frage, ob eine Strafbarkeit wegen einer Körperverletzung oder fahrlässigen Tötung[23] durch den Tatherrschaft besitzenden Trainer ausscheidet, weil sich der Sportler dem Trainingsdrill freiwillig unterwirft. Von einer rechtfertigenden Einwilligung im Sinne von § 226 a ist jedenfalls auszugehen, soweit einfache, fast regelmäßig auftretende Blessuren wie Muskelkater, Zerrung oder Erschöpfung u. ä. in Rede stehen. In schwerere Verletzungen, wie Brüche, Muskel- und Sehnenrisse, will aber im Training i. d. R. niemand einwilligen, selbst nicht im Boxtraining. Insoweit ähnelt das Problem dem der Einwilligung in Verletzungen von gegnerischen Sportlern im Wettkampfsport, wo derartige Verletzungen infolge der unvermeidlichen Körperkontakte ebenfalls normal sind. Nach der dort h. M.[24] wird von einer Einwilligung in das erhöhte Risiko ausgegangen, so daß Körperverletzungen – auch schwere – nicht rechtswidrig sind, solange regelgerecht gekämpft wird oder nur geringfügige Regelverstöße vorliegen. Dies gilt selbstverständlich auch, wenn der Trainer den Sportler bei aktiven Kampfsituationen selbst verletzt. Zu denken ist etwa an den Box- oder Karatelehrer, den Fußball- oder Handballtrainer, der sich selbst wie ein Wettkämpfer in das Kampfgetümmel begibt. Dann fehlt es nach der h. M. an der Rechtswidrigkeit einer – auch schweren – Verletzung, sofern nur ein geringer Regelverstoß vorliegt. Weitere Voraussetzung ist allerdings, daß eine derartige konkludente Einwilligung wirksam ist. Dies setzt voraus, daß sie freiwillig und in voller Kenntnis der Konsequenzen erteilt wird; außerdem muß insbesondere bei Minderjährigen eine natürliche Einsichts- und Urteilsfähigkeit vorhanden sein[25]. Nach diesen Grundsätzen ist aber auch eine ohne direkten Körperkontakt ausgelöste schwere Verletzung des Sportlers durch einen die Tatherrschaft besitzenden Trainer gerechtfertigt, sofern der Sportler in das erhöhte Risiko des Trainings, das sich gerade konkretisiert hat, wirksam eingewilligt hat.

Eine derartige Einwilligung kann indes nur dann rechtfertigende Wirkung haben, solange das Training in den Formen und mit den Methoden durchgeführt wird, die fachlich anerkannt und den Sportlern auch bekannt

---

22 *Schröder* (o. Fn. 9), S. 35 m. w. N.; *Schild* (o. Fn. 20), S. 39
23 In eine vorsätzliche Tötung kann das Opfer nicht einwilligen, da ihm die Rechtsordnung – wie sich aus § 216 (Tötung auf Verlangen) ergibt – insoweit keine Verfügungsmacht einräumt, vgl. *Schönke/Schröder*, Vorb. v. §§ 32 ff, Rdnr. 36 m. w. N.
24 Vgl. BayObLG E 60, 209, NJW 1961, S. 2073; *Schönke/Schröder*, § 226 a Rdnr. 16 m. w. N.; *Schild* (o. Fn. 20), S. 29 ff und Jura 1982, S. 521
25 *Schönke/Schröder*, Vorb. v. §§ 32 ff, Rdnrn. 39 ff m. w. N.

sind oder bekannt sein müssen[26]. Im Gegensatz zu Schild[27] kann also nicht davon ausgegangen werden, daß der Sportler generell in schwere Trainingsverletzungen durch seinen Trainer einwilligt. Sofern ein Trainer seinen Schützling durch zu hartes, zu wagemutiges oder fachlich unzulängliches Training schwer schädigt, bleibt dieser vor dem Strafgesetz – ebenso wie hinsichtlich seiner zivilrechtlichen Haftung[28] – voll verantwortlich. Der Sportler will nämlich vom Trainer mit fachlich anerkannten Methoden gefördert, in seiner Leistung gesteigert, nicht aber durch unsachgemäße Anleitung körperlich schwer geschädigt, evtl. zum Krüppel gemacht werden. Eine derart weitgehende Einwilligung wäre eine Fiktion. Deshalb haftet der Karatelehrer, der seinen Schüler in einen diesem unbekannten Griff nimmt und ihm dabei einen Halswirbel bricht, was zu einer Querschnittslähmung führt; in eine derart gefährliche Übung und ihre Risiken willigt der Sportler keinesfalls ein[29]. Ebenso fehlt es natürlich an einer rechtfertigenden Einwilligung, wenn der Trainer völlig sachwidrige Übungen verlangt oder sogar bewußt falsche Anleitungen gibt, um einen Spieler dadurch „fertig zu machen"[30].

Wenn es in der Praxis zum Glück in derartigen Fällen meistens ohne den Strafrichter abgeht, liegt dies entweder daran, daß der geschädigte Sportler den zumeist nach § 232 notwendigen Strafantrag nicht stellt, die Staatsanwaltschaft das für die Verfolgung von Privatklagedelikten notwendige öffentliche Interesse i. S. v. § 376 StPO nicht bejaht oder eine mögliche Strafverfolgung wegen fehlender bzw. geringer Schuld o. ä. gem. §§ 153 ff StPO einstellt. Die Praxis neigt gerade bei Verletzungen im Sport angesichts des Bestehens der Sportgerichtsbarkeit zu Verfahrenseinstellungen[31].

Neben Körperverletzungsdelikten kommt auch eine Strafbarkeit wegen Nötigung (§ 240) in Betracht, wenn der Trainer den Bereich der freiwilligen Unterordnung im Training ausnahmsweise verläßt und seinen Sportler durch Drohung mit einem empfindlichen Übel oder mit außergewöhnlicher, nämlich nicht zur üblichen Trainingsmethode gehörender Gewalt, die als verwerflich im Sinne von § 240 Abs. 2 zu bewerten ist, zu einem besonderen Einsatz antreibt. Man denke nur an brutales Straftraining oder Exzesse im Turntraining. In derart brutale Trainingsmethoden hat der Sportler in aller Regel nicht eingewilligt, auch wenn er grundsätzlich einverstanden ist, daß der Trainer ihn zum Zwecke der Leistungsstei-

---

26 Vgl. *Schild* (o. Fn. 20), S. 41
27 *Schild* (o. Fn. 20), S. 40 ff
28 S. unter III. 1. a)
29 Vgl. OLG Köln VersR 1983, S. 929
30 *Schild* (o. Fn. 20), S. 41
31 Vgl. *Steiner*, in: *Pfister/Steiner* (Hrsg.), Sportrecht von A – Z, 1995, S. 94

gerung quält. Im übrigen ist stets zu prüfen, ob der Sportler ab einem gewissen Zeitpunkt sein Einverständnis widerruft, was bei höchstpersönlichen Rechtsgütern, wie der körperlichen Unversehrtheit, jederzeit zulässig und beachtlich wäre[32].

Eine Ohrfeige des Trainers ist selbstverständlich nicht durch Einwilligung gedeckt, auch nicht durch eine Einwilligung oder sogar eine Aufforderung durch die Eltern eines Kindes. Denn eine Übertragung eines elterlichen Züchtigungsrechts auf einen Trainer wäre rechtlich unwirksam[33].

Bei den oben dargestellten Fällen rechtswidriger Fremdschädigung in mittelbarer Täterschaft kann vorsätzliche Körperverletzung (§ 223) gegeben sein. Hat sie sogar eine Schädigung des Körpers im Sinne von § 224 zur Folge, handelt es sich um eine schwere Körperverletzung. In Extremfällen könnte Körperverletzung mit Todesfolge (§ 226) vorliegen, falls der Trainer diese Folge vorhersehen konnte.

Ein Schinder kann seine eigenen Schützlinge auch durch fahrlässiges Handeln oder Unterlassen schädigen und strafrechtlich zur Verantwortung gezogen werden (§§ 230, 222, 13), wenn die Verletzungsfolgen nicht mehr durch die oben erwähnte Einwilligung in das übliche Trainingsrisiko gerechtfertigt sind[34]. Das kommt z. B. dann in Frage, wenn sich der Sportler infolge einer Sorgfaltspflichtverletzung seines Trainers körperlich selbst schädigt: entweder weil er dessen schädlichen Weisungen gehorcht oder aber weil der Trainer seiner Aufsichtspflicht nicht genügt. Die für ein strafbares Unterlassen erforderliche Rechtspflicht zum Handeln ergibt sich als Nebenpflicht aus dem Trainervertrag, aus Gewohnheitsrecht und aus freiwilliger Übernahme[35]. In Erfüllung dieser Aufsichtspflicht muß der Trainer auch dafür sorgen, daß seine Schützlinge sich nicht selbst durch ein falsches Training oder ein Übertrainieren schädigen. Er muß das gesundheitliche Risiko für die ihm Anvertrauten minimieren, indem er die erforderliche Ausbildung mitbringt, sich pflichtgemäß fortbildet und sich dementsprechend verhält; außerdem muß er nötigenfalls weitere Fachleute hinzuziehen, z. B. einen Arzt[36]. Zu beachten ist, daß die Sorgfaltspflichten eines Trainers generell bei erwachsenen Sportlern niedriger anzusetzen sind als im Bereich des Jugendsports. Dort sehen die Jugendordnungen zumeist schon eine besondere Rücksichtnahme des Trainers ausdrücklich vor[37].

---

32 *Schild* (o. Fn. 20), S. 46 m. w. N.
33 *Schönke/Schröder*, § 223 Rdnr. 26 m. w. N.
34 Die Einwilligung rechtfertigt auch eine fahrlässige Förderung fremder Selbstverletzung, vgl. *Schönke/Schröder*, Vorb. v. §§ 32 ff, Rdnrn. 92 ff m. w. N.
35 *Schröder* (o. Fn. 9), S. 35; *Schild* (o. Fn. 20), S. 41
36 *Schild* (o. Fn. 20), S. 41 m. w. N.
37 *Schild* (o. Fn. 20), S. 42 m. w. N.

Ein Trainer kann auch dadurch seine Aufsichtspflicht verletzen, daß er einen Mangel der Sportstätteneinrichtung übersieht. Man denke nur an das nicht ordnungsgemäß befestigte Tor, das umstürzt und ein Kind erschlägt[38]. Insoweit steht die Verantwortlichkeit des Trainers neben der Sportstättenhaftung der Betreiber der Sportanlagen. Die Pflichtverletzung kann aber auch darin liegen, daß der Trainer nicht erkennt, daß im konkreten Einzelfall ein Gerät falsch bedient, z. B. nicht ordnungsgemäß arretiert wird. Man denke an den zusammenstürzenden Barren im Turnen.

Neben den erwähnten Tatbeständen kommt hinsichtlich eines Jugendlichen unter 16 Jahren auch eine Verletzung der Fürsorge- und Erziehungspflicht (§ 170 d) in Betracht, wenn dieser in die Gefahr gebracht wird, in seiner körperlichen und psychischen Entwicklung erheblich geschädigt zu werden[39]. In Extremfällen kann gegenüber unter 18 Jahre alten Sportlern auch eine Mißhandlung von Schutzbefohlenen (§ 223 b) vorliegen, wenn nämlich der Trainer den Jugendlichen quält oder roh mißhandelt, oder wenn er durch böswillige Vernachlässigung einer Pflicht für den Schutzbefohlenen zu sorgen, dessen Gesundheit beschädigt; ein Blick in den Kommentar zeigt, daß hierfür nur Taten von besonderer Roheit ausreichen[40].

b) Straftaten des Schinders gegenüber gegnerischen Sportlern

Ein Trainer, der – wie oben skizziert – seine eigenen Spieler derart aufstachelt, daß sie im Wettkampf ausarten und Gegner körperlich schädigen, kann sich in verschiedener Weise strafbar machen.

Zu denken ist an eine strafbare Körperverletzung als mittelbarer Täter durch einen foulenden Spieler als Werkzeug oder eine Mittäterschaft des Trainers an der Körperverletzung durch seinen Schützling. Das möchte ich aber mit Schild[41] für den Regelfall ablehnen, weil ein Trainer normalerweise nicht die erforderliche Tatherrschaft hat. Die Verletzung eines Gegenspielers ist in der Regel noch immer allein das Werk des eigenverantwortlichen Spielers selbst[42].

Ein Trainer kann jedoch Teilnehmer an der Körperverletzung des Gegenspielers sein. Manche Äußerungen von Trainern können als Anstif-

---

38 Vgl. z. B. OLG Celle NJW-RR 1995, S. 984; vgl. allgemein hierzu auch *Börner*, in: *Scheffen* (Hrsg.), Haftung und Nachbarschutz im Sport, Recht und Sport, Bd. 2, 1985, S. 37 ff m. w. N.
39 *Schröder* (o. Fn. 9), S. 35; *Schild* (o. Fn. 20), S. 43; § 170 d wurde u. a. in dem Fall Fn. 2 bejaht – nicht rechtskräftig –, vgl. Frankfurter Allgemeine Zeitung v. 5. 12. 1995
40 *Schild* (o. Fn. 20), S. 43; *Schönke/Schröder*, § 223 b, Rdnrn. 11 ff m. w. N.; vgl. auch BGH NJW 1995, S. 2054 ff
41 *Schild* (o. Fn. 20), S. 26 ff m. w. N.
42 *Schild* (o. Fn. 20), S. 28

tung oder Beihilfe zur Körperverletzung gedeutet werden. Nach §§ 26, 27 ist Voraussetzung in jedem Fall aber eine vorsätzlich begangene rechtswidrige Haupttat seines Schützlings. Damit scheiden all die Verletzungen im Kampfsport aus, die nicht rechtswidrig sind, weil der Geschädigte im Sinne von § 226 a in das erhöhte Risiko der Sportausübung wirksam eingewilligt hat[43]. In diesem Fall scheidet auch eine Strafbarkeit eines Trainers wegen Unterlassens aus, etwa weil er eine Garantenstellung verletzt hätte, gegenüber einem übermäßig harten Spiel seiner Mannschaft einzuschreiten[44]. Insoweit kommt dann auch keine fahrlässige Körperverletzung durch Unterlassen in Betracht[45]. Da im Wettkampfsport Verletzungen nur bei regelgerechtem Spiel, allenfalls bei geringfügigen Regelverletzungen gerechtfertigt sind[46], macht sich also ein Trainer, der seinen Manndecker mit der Weisung auf das Spielfeld schickt, den gegnerischen Stürmer durch ein grobes Foul zu verletzen und damit auszuschalten, wegen Anstiftung zur vorsätzlichen Körperverletzung, evtl. in einer qualifizierten Form, strafbar[47]. Gelingt dem Manndecker die beabsichtigte Verletzung des Gegners aber, ohne grob gegen die Regel zu verstoßen, müßte wohl auch der Trainer straflos davonkommen.

3. Der Manipulator

Die Verlockung, Wettkampfergebnisse zu manipulieren, ist riesig angesichts der immensen Summen, die im Sport zu verdienen sind, und dies u. U. in sehr kurzer Zeit. Manipulatoren haben hier ein breites Betätigungsfeld. Sie können mit Doping, Bestechung o. ä. schnell erfolgreich, berühmt und vermögend werden. Dies geschieht leider gar nicht so selten, wie wir inzwischen aufgrund moderner medizinischer Testmethoden oder aufgedeckter Bestechungsskandale wissen.

a) Doping

Das Dopingproblem und die körperschädigenden Folgen des Dopings sind längst enttabuisiert. Wie groß das Problem ist, wird allein dadurch deutlich, daß bisher etwa 100 Todesfälle im Sport dem Doping zugeschrieben werden[48]. Die damit verbundenen rechtlichen Konsequenzen sind in

---

43 S. Fn. 24
44 *Schild* (o. Fn. 20), S. 32
45 *Schild* (o. Fn. 20), S. 32; *Schönke/Schröder*, Vorb. v. §§ 32 ff Rdnrn. 92 ff
46 S. Fn. 24
47 Vgl. *Del Fabro*, Der Trainervertrag, Bern – Stuttgart – Wien 1992, S. 243 m. w. N.
48 *Körner* ZRP 1989, S. 418; *Linck* NJW 1987, S. 2545; *Otto* SpuRt 1994, S. 11 m. w. N.; vgl. zuletzt Frankfurter Allgemeine Zeitung v. 12. 3. und 18. 3. 1994

jüngerer Zeit wiederholt untersucht worden[49]. Deshalb kann ich mich hinsichtlich eventueller Tatbeiträge von Trainern kurz fassen und mit einem Überblick begnügen. Es ist zu unterscheiden, ob ein Trainer dem Sportler ein Dopingmittel zugänglich macht oder ob er es dem Sportler selbst beibringt, insbesondere injiziert. Daraus ergeben sich verschiedene strafrechtliche Folgerungen.

aa) Straftaten gegen Leib, Leben

Ein Trainer, der seinem arglosen Sportler ein tödlich wirkendes Mittel verschafft, damit dieser es einnimmt, könnte wegen Totschlags (§ 212) oder Mordes (§ 211) bestraft werden, sofern er – was kaum vorkommen dürfte, jedenfalls kaum nachzuweisen sein wird – das Eintreten des Todes zumindest billigend in Kauf nimmt[50]. Als Mordmerkmal könnte Habgier in Betracht kommen, wenn ein Trainer am Erfolg des Sportlers finanziell beteiligt ist. Fehlt es am Vorsatz, kann der Trainer jedoch den Eintritt des Erfolges vorhersehen, kommt fahrlässige Tötung (§ 222) in Betracht. Die Tatsache, daß das Medikament verschreibungspflichtig oder nicht jedermann zugänglich ist, kann ein Indiz für dessen Gefährlichkeit sein[51]. Angesichts häufig mit der Einnahme von Dopingmitteln verbundenen körperlichen Schädigungen[52] kommen vorsätzliche oder fahrlässige Körperverletzungen (§§ 223, 224, 226, 230), evtl. Vergiftung (§ 229) in Frage.

Die Tatherrschaft des Trainers wird aber dort enden, wo der Sportler sich das Medikament in voller Kenntnis des Risikos selbst beibringt[53]. Die Fähigkeit, die Bedeutung und Tragweite eines solchen Schrittes zu erkennen, wird bei einem unaufgeklärten, getäuschten Sportler fehlen; bei einem noch nicht volljährigen Sportler wird sie nur ausnahmsweise bejaht werden können[54]. Wo diese Fähigkeit aber vorhanden ist, bleibt eine eigenverantwortlich gewollte und verwirklichte Selbstgefährdung straffrei, wenn sich das bewußt eingegangene Risiko realisiert. Wenn ein Trainer ohne eigene Tatherrschaft eine solche Selbstgefährdung lediglich ermöglicht,

---

49 *Schild*, in: *Schild* (Hrsg.), Rechtliche Fragen des Dopings, Recht und Sport, Bd. 5, 1986, S. 13; *Kohlhaas* NJW 1970, S. 1958; ders., in: *Schröder/Kaufmann* (o. Fn. 9), S. 48; *Linck* (o. Fn. 48); *Turner* MDR 1991, S. 569; *Derleder/Deppe* JZ 1992, S. 116; *Otto* (o. Fn. 48); *Wittig* SpuRt 1994, S. 134; *Schneider-Grohe*, Doping, Diss. Frankfurt 1978, S. 142; *Ahlers*, Doping und strafrechtliche Verantwortlichkeit, Baden-Baden 1994; *Müller*, Doping im Sport als strafbare Gesundheitsbeschädigung (§ 223 Abs. 1, § 230 StGB), 1993
50 *Turner* (o. Fn. 49), S. 572; *Otto* (o. Fn. 48), S. 11
51 *Otto* (o. Fn. 48), S. 11; vgl. *Ahlers* (o. Fn. 49); S. 97
52 Vgl. *Schild* (o. Fn. 48), S. 23 f; *Schwab*, in: *Schild*, oben Fn. 49, S. 36; *Ahlers* (o. Fn. 49), S. 48 und allg. *Donike*, in: *Schild*, oben Fn. 49, S.1 ff
53 *Körner* (o. Fn. 48), S. 419; *Otto* (o. Fn. 48), S. 12; *Ahlers* (o. Fn. 49), S. 114 ff und S. 144 ff
54 *Otto* (o. Fn. 48), S. 12

fördert oder veranlaßt, macht er sich nicht wegen eines Körperverletzungs- oder Tötungsdelikts schuldig[55].

Wird der Sportler aber über die Risiken der Einnahme der Mittel getäuscht oder ist er aufgrund seines Alters oder seiner geistigen Entwicklung nicht in der Lage, die Tragweite seiner Entscheidung einzuschätzen, verstößt der Trainer, der ihm das Medikament verschafft, gegen die oben erwähnten Tatbestände[56].

Wenn der Trainer dem Sportler das Mittel eigenhändig beibringt, insbesondere injiziert, schädigt er dadurch Leib oder Leben selbst unmittelbar und er kann wegen vorsätzlicher Körperverletzung (§§ 223, 224, 226), Totschlag oder Mord (§§ 211, 212) und evtl. Vergiftung (§ 229) strafbar sein.

Strittig ist, ob die Rechtswidrigkeit einer Körperverletzung oder fahrlässigen Tötung[57] infolge einer wirksamen Einwilligung des Sportlers in das Doping entfallen kann. Soweit eine im übrigen wirksame[58] Einwilligung vorliegt, ist weiter zu prüfen, ob diese gegen die guten Sitten verstößt. Das ist dann der Fall, wenn die Tat selbst anstößig ist, wobei nach h. M.[59] nicht alleine Art und Umfang des tatbestandsmäßigen Rechtsgutsangriffs zu betrachten ist, sondern auch dem Tatzweck Bedeutung zukommt. Beim Doping gehen die Meinungen stark auseinander. Im Ergebnis ist man sich zwar weitgehend einig, daß jedenfalls eine Sittenwidrigkeit dann angenommen werden muß, wenn durch das Doping eine schwerwiegende Gesundheitsschädigung hervorgerufen wird[60]. Das wird im Hinblick auf die negativen Langzeitwirkungen vieler Mittel[61] häufig zu bejahen sein. In Fällen, in denen die Dopinggabe aber nur zu leichten Körperschäden führt, ist diese Frage streitig[62]. Ich teile die Meinung, daß eine derartige Manipulation aufgrund ihres ethisch-sozialen Unwertes generell als sittenwidrig anzusehen ist[63]. Doping – zumindest im Leistungssport – wird nach dem „Anstandsgefühl aller billig und gerecht Denkenden" als

---

55 BGHSt 32, 262; *Otto* (o. Fn. 48), S. 13
56 *Otto* (o. Fn. 48), S. 13
57 Vgl. oben Fn. 23
58 *Otto* (o. Fn. 48), S. 14 f; *Ahlers* (o. Fn. 49), S. 161 ff; *Schönke/Schröder*, Vorb. v. §§ 32 ff, Rdnrn. 35 ff m. w. N.
59 *Schönke/Schröder*, § 226 a Rdnrn. 7 f m. w. N.; *Linck* (o. Fn. 48), S. 2551; RGSt 74, 94
60 *Schönke/Schröder*, § 226 a Rdnr. 18; *Otto* (o. Fn. 48), S. 15; *Linck* (o. Fn. 48), S. 2551; *Steiner*, in: *Pfister/Steiner* (o. Fn. 31), S. 49; a. A.: generelle Wirksamkeit der Einwilligung: *Schild* (o. Fn. 49), S. 24; *Ahlers* (o. Fn. 49), S. 169 ff
61 S. oben Fn. 52
62 Verneinend: *Kohlhaas* NJW 1970, S. 1959 f; *ders.*, in Sport und Recht (o. Fn. 49), S. 50 und 54; *Schneider-Grohe* (o. Fn. 49), S. 142; *Schild* (o. Fn. 49), S. 24
63 Ebenso: *Turner* (o. Fn. 49), S. 573 f; *Linck* (o. Fn. 48), S. 2550 f; vgl. zum Zivilrecht auch: *Turner* NJW 1992, S. 720; *Schwab*, in: *Schild*, oben Fn. 49, S. 38; *Friedrich* SpuRt 1995, S. 9; *Derleder/Deppe* (o. Fn. 49), S. 117

„betrügerisches" Verhalten bewertet. Es handelt sich nicht nur um eine private Angelegenheit, wie dies z. T. bei anderen Selbstschädigungen angenommen werden kann, z. B. Alkohol- oder Zigarettenmißbrauch. Der Leistungssport zielt darauf ab, die breite Öffentlichkeit zu interessieren, Massen in die Stadien und vor die Bildschirme zu bekommen. Das gelingt auch sehr häufig. Die breite Öffentlichkeit nimmt großen Anteil und sie erwartet mit Recht, daß die Wettkämpfe fair und unter Wahrung der Chancengleichheit durchgeführt werden. Manipulationen in diesem Bereich – auch wenn man weiß, daß sie vorkommen – werden in der öffentlichen Meinung weltweit geächtet[64], weil damit Gegner, Zuschauer und die sportinteressierte Öffentlichkeit hinters Licht geführt und überdies erhebliche wirtschaftliche Schäden hervorgerufen werden, man denke einerseits an die Krankheitskosten und andererseits an entgangene Preis- oder Sponsorengelder, an Verluste bei Übertragungsrechten oder am Wettschalter. Deshalb erscheint eine Einwilligung in Dopinghandlungen des Trainers – jedenfalls im Leistungssport – generell sittenwidrig.

Diese Streitfrage wird im übrigen nur selten praktische Folgen haben. Denn ein Sportler, der zunächst trotz voller Kenntnis der Gefahren in Doping einwilligt, wird angesichts der zu erwartenden sportrechtlichen Konsequenzen und des öffentlichen Wirbels den erforderlichen Strafantrag (§ 232) nach Eintritt einer Körperverletzung normalerweise nicht stellen.

Als besondere Tatbestände können auch Vergehen gegen das Betäubungsmittelgesetz (BtMG) gegeben sein, wenn es um Mittel geht, die in Anlage I – III zu § 1 BtMG erfaßt sind. Als Straftatbestände kommen §§ 3 Abs. 1, Nr. 1, 29 Abs. 1 Nr. 1, 3, 6, 9 oder 10 BtMG in Betracht[65]. Soweit ein Trainer ein Pferd positiv oder insbesondere negativ dopt, kann Sachbeschädigung (§ 303) vorliegen[66]. Eine Einwilligung des Eigentümers sollte aus den obengenannten Gründen wegen Sittenwidrigkeit keine rechtfertigende Wirkung haben. Entscheidende Frage ist, ob im konkreten Fall von einer Beschädigung des Tieres im Sinne der Vorschrift gesprochen werden kann[67]. Zu denken ist ferner an ein Vergehen nach § 17 TierschutzG[68]. Insbesondere Nr. 2 b könnte erfüllt sein, wenn ein Trainer mittels Doping

---

64 Vgl. *Linck* (o. Fn. 48), S. 2551; *Otto* (o. Fn. 48), S. 15; siehe auch das Übereinkommen gegen Doping des Europarates v. 16. 11. 1989 – sog. Europäische Anti-Doping-Charta –, der der Bundestag am 11. 11. 1993 beigetreten ist, vgl. *Steiner* BayVBl 1995, S. 417 (419); vgl. zum Zweck des Dopingverbots auch *Pfister* in: Festschrift für Gitter, Wiesbaden 1995, S. 737
65 Vgl. *Ahlers* (o. Fn. 49), S. 198 f; *Schild* (o. Fn. 49), S. 26
66 Dei Herausnahme von Tieren durch § 90 a BGB aus dem zivilrechtlichen Sachbegriff ist strafrechtlich belanglos; vgl. *Wittig* (o. Fn. 49), S. 134; *Schild* (o. Fn. 49), S. 27; in diesen Zusammenhang gehören auch das „Barren" und das „Blistern" bei Pferden, vgl. zuletzt Frankfurter Allgemeine Zeitung v. 7. 11. 1995
67 Vgl. *Schild* (o. Fn. 49), S. 27
68 Vgl. *Schild* (o. Fn. 49), S. 27

einem Pferd vorsätzlich länger anhaltende oder sich wiederholende erhebliche Schmerzen oder Leiden zufügt. Das Dopen eines Tieres ist zumindest eine Ordnungswidrigkeit, §§ 18 Abs. 1 Nr. 4 i. V. m. § 5 Abs. 3 Nr. 11 TierschutzG[69].

bb) Vermögensdelikte bei Doping durch den Trainer

Natürlich denkt man im Zusammenhang mit Doping sofort an Betrug (§ 263). Macht sich ein Trainer eines gedopten Sportlers des Betruges gegenüber Mitbewerbern, Zuschauern, Veranstaltern oder Teilnehmern an einer Sportwette strafbar? M. E. ist dies in allen denkbaren Sachverhaltsvarianten zu verneinen. Denn ein Trainer begeht schon keine konkludente Täuschungshandlung, wenn er seinen gedopten Schützling in den Wettkampf schickt. Allein dadurch, daß er sein Mitwissen verborgen hält, gibt er keine Erklärungen ab. Eine Erklärung erwartet auch niemand von ihm. Ihn trifft auch keine Garantenpflicht, die Wahrheit zu offenbaren. Anders könnte der Fall evtl. liegen, wenn ein Trainer der Öffentlichkeit gegenüber vollmundig seinen „sauberen" Sportler preist.

Falls ein Betrug seitens des Sportlers zu bejahen wäre, könnte eine Teilnahme des Trainers daran geprüft werden. Ein Betrug des Sportlers wird aber von der h. M. für fast alle denkbaren Sachverhaltsvarianten ebenfalls verneint[70]. M. E. fehlt auch hier bereits eine Täuschungshandlung des teilnehmenden Sportlers. Er täuscht weder über sein überlegenes Wissen – daß er nämlich unerlaubte Substanzen genommen hat – noch über die Ungewißheit des Ausganges des Wettkampfes, zumal die positive Wirkung des Dopings und der Verlauf des Wettkampfs völlig ungewiß sind. Er täuscht auch nicht durch Unterlassen, da ihn eine Rechtspflicht zur Aufklärung der Manipulation nicht trifft. Deshalb kommt es m. E. schon gar nicht darauf an, ob bei Veranstaltern, Mitkonkurrenten oder Zuschauern hierdurch ein Irrtum erregt wird, etwa in dem Sinn, alles sei in Ordnung. Die vom BGH in einem Rennwettefall zur Täuschung vertretene gegenteilige Ansicht[71] erscheint nicht haltbar[72]; es ist auch unklar, ob der BGH diese Rechtsprechung auf Fälle außerhalb der Rennwette über-

---

69 *Steiner*, in: *Pfister/Steiner* (o. Fn. 31), S. 50
70 *Linck* (o. Fn. 48), S. 2551; *Turner* (o. Fn. 49), S. 574; *Schild* (o. Fn. 49), S. 28 ff m. w. N.; pauschal verneinend *Kohlhaas* in Sport und Recht (o. Fn. 49), S. 55; einschränkend auch *Otto* (o. Fn. 48), S. 15
71 BGHSt 29, 165, 167; vgl. auch BayObLG NJW 1993, S. 2820 f; *Wittig* (o. Fn. 49), S. 136; *Otto* (o. Fn. 48), S. 15; kritisch hierzu *Weber*, in: *Pfister* (Hrsg.), Rechtsprobleme der Sportwette, Recht und Sport, Bd. 10, 1989, S. 59 ff, 72
72 Vgl. *Schild* (o. Fn. 49), S. 29 ff; *Ordemann* MDR 1962, S. 623, 624; *Klimke* JZ 1980, S. 581 f; im Erg. ebenso: *Linck* (o. Fn. 48), S. 2551; *Turner* (o. Fn. 49), S. 574; vgl. auch *Weber* (o. Fn. 71), S. 72

tragen würde. Selbst diejenigen, die eine Täuschung und Irrtumserregung annehmen, bejahen eine hierdurch ausgelöste schädigende Vermögensverfügung lediglich beim Veranstalter hinsichtlich des ausgelobten Preises[73] oder im Bereich der Rennwette hinsichtlich des reduzierten Gewinnes eines Wetters, der in derselben Gewinnklasse gesetzt hat[74].

b) Bestechung von Sportlern und Schiedsrichtern o. ä.

Der in Deutschland bekannteste Fall der unlauteren Beeinflussung von Sportergebnissen war der Bundesligaskandal 1970/71[75]. Aber auch jede andere Form der Bestechung oder Nötigung kann leider nicht in den Bereich der Märchen verwiesen werden, wie der jüngste Fall einer Bestechung in der Champions League beweist[76].

Zu denken ist hier an § 12 UWG, Bestechung von Angestellten. Dieser Tatbestand könnte im bezahlten Sport durchaus in Betracht kommen; er greift dennoch nicht ein, da er nur den Bezug von Waren oder gewerblichen Leistungen betrifft[77]. Die Bestechungstatbestände (§§ 331 ff) gelten nur für Amtshandlungen, nicht also für Sportler. Es bleibt somit nur zu prüfen, ob der manipulierende Trainer wegen Betruges strafbar (§ 263) sein könnte. Ein Trainer, der einem gegnerischen Spieler Geld gibt oder ein exorbitant gutes Vertragsangebot macht, damit dieser in einem wichtigen Spiel schlecht spielt, oder der einen Schiedsrichter durch Vorteile dazu bringt, seine Mannschaft zu bevorteilen, erfüllt wohl nicht den Tatbestand des Betrugs. Denn der Trainer, der auf diese Weise aus dem Hintergrund manipuliert, begeht weder eine Täuschungshandlung noch erregt er hierdurch einen Irrtum. Eine Pflicht, seine Manipulation selbst zu offenbaren, besteht nicht.

Betrug könnte aber bejaht werden bei einem Trainer, der Geld oder andere Vorteile bekommt, um die eigene Mannschaft in die Niederlage zu führen. Wenn er seinen Leistungsträger aus dem Spiel nimmt oder die Mannschaft taktisch falsch einstellt, damit eine versprochene Verlustprämie ausbezahlt wird, wäre eine Täuschung gegenüber der Vereinsführung zu bejahen, wenn der Trainer sich ihr gegenüber so äußert oder durch sein Verhalten positiv den Eindruck erweckt, als ob er das Optimale zur Erreichung eines Sieges getan habe. Eine vermögensschädigende Verfügung seines sieglosen, evtl. sogar absteigenden Vereins liegt darin, daß

---

73 *Otto* (o. Fn. 48), S. 15
74 *Wittig* (o. Fn. 49), S. 136 f; insoweit unklar *Weber* (o. Fn. 71), S. 62
75 Vgl. *Triffterer* NJW 1975, S. 612, 615 m. w. N.
76 Versuchte Schiedsrichterbestechung durch Dynamo Kiew im Spiel Panathinaikos Athen, vgl. Frankfurter Allgemeine Zeitung v. 22. 9. 1995
77 Vgl. *Triffterer* (o. Fn. 75), S. 615 f m. w. N.; *Schönke/Schröder* § 263 Rdnr. 129

dieser es unterläßt, Schadensersatzansprüche wegen vertragswidrigen Verhaltens gegen den Trainer geltend zu machen. Darin liegt zumindest ein Schaden in Form einer Vermögensgefährdung, was ausreicht[78]. Der Vorsatz zeigt sich darin, daß der Trainer die Manipulation geheimhält, um Regreßforderungen zu vermeiden. Dahin zielt auch die Bereicherungsabsicht. Zwar kommt es dem Manipulator vorrangig auf die Verlustprämie an; für die Annahme eines Betruges reicht es aber aus, daß ein Vorteil als sicher vorausgesehen und – wenn auch nur neben anderen Folgen – erwünscht ist[79]. Auch gegenüber den Zuschauern liegt in derartigen Fällen eine Täuschungshandlung zwar regelmäßig vor. Wenn nicht durch vollmundige öffentliche Erklärungen so wird der Trainer doch durch theatralische Schauspielerei am Spielfeldrand alles daran setzen, die Zuschauer in den Irrtum zu versetzen, es handle sich um ein ernstzunehmendes regelgerechtes Spiel. Selbst wenn eine schädigende Vermögensverfügung im Kauf einer Eintrittskarte für ein Spiel, das sein Geld nicht wert ist, oder im Unterlassen der Rückforderung des Eintrittsgeldes gesehen werden könnte, dürfte Betrug aber doch abzulehnen sein. Denn eine mit diesem Schaden stoffgleiche Bereicherungsabsicht des Trainers ist nicht gegeben.

Beteiligt sich ein derart bestochener Trainer am Fußballtoto oder beim Pferderennen am Totalisator, so kann überdies Betrug oder Betrugsversuch gegenüber dem Totounternehmen zu Lasten der Mitspieler derselben Gewinnklasse vorliegen, falls man – entgegen meiner oben beim Doping gemachten Ausführungen – von einer Täuschungshandlung am Wettschalter ausgehen wollte[80]. Das könnte vor allem praktisch werden bei einem bestochenen Trainer eines favorisierten Rennpferdes, der zur Herbeiführung einer überraschenden Niederlage dem Jockey schädliche Anweisungen gibt oder mit diesem sogar gemeinsame Sache macht und ihn dazu bringt, das Pferd zurückzuhalten.

III. Zivilrechtliche Haftung des Trainers

Die zivilrechtliche Haftung von Trainern für ein Fehlverhalten, wie es oben bereits in vielfältiger Weise angedeutet wurde, kann sich aus Vertrag oder aus Delikt ergeben. Dabei ist zwischen einem privat beauftragten Trainer, z. B. Ski-, Eiskunstlauf-, Tennis-, Karate-, Reitlehrer, Leiter eines Fitneßstudios o. ä., und einem Vereins- oder Verbandstrainer zu

---

78 Vgl. *Triffterer* (o. Fn. 75), S. 615 f m. w. N.; vgl. auch zur Parallele des Dopings: *Wittig* (o. Fn. 49), S. 135 f
79 Vgl. *Triffterer* (o. Fn. 75), S. 615 m. w. N.
80 So *Triffterer* (o. Fn. 75), S. 616

unterscheiden. Letztere werden zum Teil gegen Entgelt, zum Teil ehrenamtlich – u. U. gegen Aufwandsentschädigung – tätig.

1. Der privat beauftragte Trainer

a) Haftung aus Vertrag

Mit dem privat engagierten Trainer schließt der Sportler einen Dienstvertrag (Ausbildungsvertrag)[81] im Sinne von § 611[82] ab. Zwar steht zumeist auch das Erreichen eines sportlichen Erfolges im Zentrum der Bemühungen; dennoch handelt es sich nicht um einen Werkvertrag im Sinne von §§ 631 ff, da der Trainer für den Erfolgseintritt naturgemäß nicht einstehen kann; die Voraussetzungen für den Erfolg liegen primär doch in der Sphäre des Sportlers. Bei einem unentgeltlichen Tätigwerden liegt ein Auftrag (§ 662) vor. Bei Inanspruchnahme eines Studios können auch mietvertragliche Elemente hinzukommen[83]. In jedem Fall handelt es sich um ein zweiseitiges Rechtsgeschäft, das zum Gegenstand hat, das Erlernen einer sportlichen Fähigkeit, die Steigerung der Leistungsfähigkeit sowie die psychologische Betreuung des oder der Sportler im Training, der Wettkampfvorbereitung und evtl. auch die Betreuung im Wettkampf[84]. Bei seiner Tätigkeit treffen den Trainer spezifische Sorgfaltspflichten, die er auch unter zivilrechtlichen Haftungsgründen weder durch aktives Zuwiderhandeln noch durch Unterlassen verletzen darf. Natürlich darf der Trainer auch nicht, wie der oben dargestellte Bösewicht oder Schinder, das sexuelle Selbstbestimmungsrecht, die Ehre oder Leib und Leben der Sportler schädigen. In all diesen Fällen kann eine vertragliche Haftung für Körper-, Sach- oder Vermögensschäden aus positiver Vertragsverletzung[85] gegeben sein.

Eine wesentliche Frage, die in jedem Einzelfall neu zu beantworten ist, bezieht sich auf den normativ zu bestimmenden Inhalt und den Umfang der Sorgfaltspflichten, die einen Trainer im konkreten Einzelfall gem. § 276 treffen. Der Trainer ist grundsätzlich verantwortlich dafür, daß die Sportstätte keine für ihn erkennbaren technischen Mängel aufweist und für seine Sportler überraschende und schwerwiegende Gefahren heraufbe-

---

81 OLG Nürnberg SpuRt 1995, S. 274, 276 (Fluglehrer), OLG München SpuRt 1995, S. 55, 56 (Ski-Langlauf); AG Langen NJW-RR 1995, S. 823 (Sportstudio), vgl. allg. *del Fabro* (o. Fn. 47), S. 41
82 §§ in Abschnitt III. ohne Gesetzesangabe: BGB
83 Soweit mietvertragliche Elemente vorliegen – z. B. im Bodybuilding-Studio – könnte der betreibende Trainer für anfängliche Sachmängel der Einrichtung u. U. sogar ohne Verschulden nach § 538 Abs. 1 1. Alt. haften, vgl. *Börner* (o. Fn. 38), S. 46 m. w. N.
84 *del Fabro* (o. Fn. 47), S. 245 ff m. w. N.; *Günther/Kern* VersR 1993, S. 794 (797)
85 Allg. *Palandt/Heinrichs*, BGB, 55. Aufl., 1996, § 276 Rdnrn. 104 ff

schwört. Er muß das Training fachlich korrekt, zweckmäßig und nach dem jeweiligen Leistungsstand der Sportler aufbauen und seine Schützlinge so anleiten und beaufsichtigen, daß Überbeanspruchungen und Unfälle vermieden werden[86]. Erforderlichenfalls hat er weiteren fachlichen Rat, evtl. den eines Arztes hinzuzuziehen. Die Sorgfaltspflicht ist bei Kindern und Jugendlichen größer als bei Erwachsenen[87], bei ungeübten größer als bei austrainierten Spitzensportlern.

Aus dem Umstand, daß es unter Aufsicht des Trainers zu einem Unfall oder zu einer Verletzung des Sportlers kommt, kann nicht ohne weiteres auf eine Verletzung der Sorgfaltspflichten zurückgeschlossen werden; insoweit gilt der allgemeine Grundsatz, daß der Anspruchsteller die Pflichtverletzung und die Kausalität für den eingetretenen Schaden beweisen muß[88].

Problematisch ist auch hier, inwieweit der Sportler gegenüber seinem Trainer durch die Teilnahme am Training auf eine uneingeschränkte Haftung verzichtet. Eine rechtsgeschäftliche Haftungseinschränkung bedarf im Einzelfall einer sehr kritischen Prüfung. Durch ausdrückliche Vereinbarung kommt ein Haftungsausschluß in der Praxis kaum vor, auch nicht bei besonders riskanten Unternehmungen, wie Bergsteigen oder Reiten. Ein Haftungsausschluß für schuldhaftes Verhalten des Trainers durch allgemeine Geschäftsbedingungen oder einen Aushang stößt an die Grenzen der §§ 9 und 11 Nr. 7 AGBG bzw. § 276 Abs. 2 und § 242[89].

Es stellt sich aber auch hier die Frage, ob der Sportler gegenüber dem von ihm beauftragten Trainer auf eine Haftung verzichtet, indem er durch die Teilnahme am Training in das dadurch hervorgerufene erhöhte Risiko konkludent einwilligt. Entsprechend der h. M. zur Frage der Einwilligung in gegenseitige Körperverletzungen von Sportlern, kann ein genereller Haftungsverzicht bei Individualsportarten, wo sich Sportler nebeneinander betätigen, ohne gegeneinander Körperkontakt zu suchen, nicht angenommen werden[90]. Nur Verletzungen beim Kampfsport können durch Einwilligungen gerechtfertigt sein, etwa beim Boxen, Judo, Karate u. ä., sowie im Wettkampfsport von Mannschaften im direkten Gegeneinander

---

86 Vgl. *Schild* (o. Fn. 49), S. 35 f, 41
87 Vgl. *Schild* (o. Fn. 49); S. 42 f m. w. N.; zur Fürsorge gegenüber Kindern, vgl. allg. *Coester*, in: *Steiner* (Hrsg.) Kinderhochleistungssport, Recht und Sport, Bd. 1, 1984, S. 15 ff
88 OLG München SpuRt 1995, S. 55; *Scheffen* (o. Fn. 38), S. 15 f; dies. NJW 1990, S. 2658, 2663 f m. w. N.; *Reichert/van Look*, Handbuch des Vereins- und Verbandrechts, 6. Aufl., 1995, Rdnr. 1960
89 Vgl. BGH NJW 1986, S. 1611; OLG Düsseldorf NJW 1975, S. 1892 f; *Scheffen* SpuRt 1995, S. 278, 279; *Reichert/van Look* (o. Fn. 88), Rdnrn. 1968 ff m. w. N.
90 BGH VersR 1981, S. 853 u. 1982, S.1004; OLG Hamm NJW-RR 1990, S. 925; OLG Braunschweig NJW-RR 1990, S. 987; *Scheffen* (o. Fn. 89), S. 278, 279; vgl. auch OLG Düsseldorf NJW 1975, S. 1892, 1893; *Reichert/van Look* (o. Fn. 88), Rdnr. 1961

unter dem Gesichtspunkt der Einwilligung in das erhöhte Risiko[91]. Dementsprechend ist ein Haftungsausschluß für den Trainer dann anzunehmen, wenn er sich zur Simulation des Ernstfalles selbst „in den Kampf" begibt und seinen Schützling dabei – allenfalls unter leichtem Verstoß gegen die Sportregeln – verletzt. Der Sportler, der gegen seinen Trainer einen Judo-, Karate- oder Boxkampf übungshalber bestreitet, willigt in die üblicherweise damit einhergehenden Blessuren ein. Das gilt natürlich nur für Verletzungen, die der üblichen Gefährlichkeit der betreffenden Sportart entsprechen, nicht also für den Karatelehrer, der seinen Schüler in einen diesem unbekannten Griff nimmt und ihm dabei einen Halswirbel bricht, was zu einer Querschnittslähmung führt; in eine derart gefährliche Übung und ihre Risiken willigt der Sportler nicht ein[92]. Das würde zu einer unvertretbaren Überdehnung des Risikos eines Sportlers führen, der sich gerade in die Obhut eines entsprechenden Trainers begibt, um möglichst gefahrlos diese Sportart zu erlernen und auszuüben[93]. Ebenso nimmt ein Mannschaftsspieler die erhöhten Risiken in Kauf, die mit Kampfsituationen – auch übungshalber – unter körperlicher Beteiligung seines Trainers üblicherweise verbunden sind. Auch hier umfaßt die Einwilligung keine groben Regelverstöße.

An einen Trainer sind dabei höhere Anforderungen an die Sorgfaltspflicht zu stellen als an einen Mitspieler, dem im Übereifer und angesichts geringerer Erfahrung eher ein Regelverstoß unterlaufen wird als einem Trainer. Dieser soll aufgrund seiner überlegenen Sachkunde und sachgemäßer Vorbereitung des Trainings gerade Schaden von seinen Schützlingen abwenden.

Für alle übrigen körperlichen Schädigungen, die auf einer Verletzung der Sorgfaltspflichten des Trainers beruhen, ohne daß dieser selbst den Schaden durch eine Kampfsituation hervorruft, haftet der Trainer uneingeschränkt, sofern er rechtswidrig und schuldhaft handelt. Dabei spielt es keine Rolle, ob das Fehlverhalten im Training oder im Wettkampf stattfindet[94].

---

91 BGHZ 63, 140 = NJW 1975, S. 109; NJW 1976, S. 957 und 2161; OLG München NJW-RR 1989, S. 727; OLG Frankfurt NJW-RR 1991, S. 418; PfOLG Zweibrücken VersR 1994, S. 1366; OLG Hamm NJW-RR 1992, S. 856; OLG Düsseldorf VersR 1992 S. 247 und 841; OLG Koblenz VersR 1991, S. 1067; *Scheffen* (o. Fn. 38), S. 2 ff und oben Fn. 88, S. 2659; *Reichert/van Look* (o. Fn. 88), Rdnr. 1959; vgl. allg. auch *Krähe*, Die zivilrechtlichen Schadensersatzansprüche von Amateur- und Berufssportlern für Verletzungen beim Fußballspiel, 1981
92 OLG Köln VersR 1993, S. 929
93 *Schild* (o. Fn. 20), S. 41
94 BGH VersR 1976, S. 775 f; OLG München NJW-RR 1990, S. 732; OLG Celle VersR 1980, S. 874; PfOLG Zweibrücken SpuRt 1995, S. 61, 62

Die Möglichkeiten der Sorgfaltspflichtverletzungen des Trainers infolge unzweckmäßiger Trainingsgestaltung, falscher Anleitung, Vernachlässigung der Aufsichtspflicht, falscher Hilfestellung, Überforderung u. ä. sind sehr vielfältig. Daneben können sich Haftungsfälle dadurch ergeben, daß ein Trainer durch Verbreitung von Geheimnissen oder von Bildmaterial das Persönlichkeitsrecht des Sportlers verletzt. Man denke nur an Interviews oder Memoiren, in denen über das Liebesleben oder die Steueraffären einer Tennisspielerin geplaudert wird, oder an Fotografien, die der Trainer einer sportbesessenen Prinzessin heimlich im Bodybuildingstudio schießt und veröffentlicht.

Der auf Schadenersatz wegen positiver Vertragsverletzung in Anspruch genommene Trainer haftet für alle von ihm adäquat kausal verursachten Körper- und Vermögensschäden, auch für einen evtl. Verdienstentgang gem. § 252, nicht aber auf Schmerzensgeld gem. § 847. Nach den Umständen des Einzelfalles kann die Haftung allerdings wegen Mitverschuldens des Verletzten gem. § 254 Abs. 1 – bis zur Haftungsreduzierung auf Null – gemindert werden.

b) Haftung aus Delikt

Verletzt ein persönlich engagierter Trainer schuldhaft ein absolutes Recht im Sinne von § 823 Abs. 1, nämlich Leben, Körper, Gesundheit, Eigentum u. a.[95], ist er nach dieser Vorschrift zum Ersatz des daraus entstehenden Schadens verpflichtet. Als sonstige Rechte i. S. v. § 823 Abs. 1 sind für unsere Betrachtungen vor allem das Persönlichkeitsrecht und das Mitgliedschaftsrecht des Athleten von Interesse[96].

Eine entsprechende Haftung kann sich auch aus § 823 Abs. 2 ergeben, wenn gegen ein Schutzgesetz im Sinne dieser Vorschrift verstoßen wird. Unter diese beiden Tatbestände fallen alle üblichen Schädigungen infolge einer Verletzung der Sorgfaltspflichten des Trainers, wobei im Bereich des Kampfsportes die bei der vertraglichen Haftung erläuterte Haftungsbeschränkung durch Einwilligung in das erhöhte Risiko auch hier gilt. Unter § 823 Abs. 1 und 2 fallen auch alle Vergehen eines Trainers gegen das sexuelle Selbstbestimmungsrecht der ihm anvertrauten Schützlinge sowie Verstöße gegen das Persönlichkeitsrecht. Eine Haftung kann gem. Abs. 1 selbst dann in Betracht kommen, wenn das StGB eine Strafbarkeitslücke enthält.

Der Umfang der deliktischen Haftung unterscheidet sich von der aus Vertrag: Einerseits kann der Geschädigte vom Trainer auch Schmerzens-

---

95 Vgl. allg. *Palandt/Thomas*, § 823, Rdnrn. 11 ff
96 BGH NJW 1990, S. 2877, 2878; vgl. *Reichert/van Look* (o. Fn. 88), Rdnr. 1957 m. w. N.

geld verlangen, § 847, selbst Schadensersatzansprüche Dritter gem. §§ 844, 845 sind hier denkbar. Im Falle einer schweren Verletzung des Persönlichkeitsrechtes kann Ersatz des immateriellen Schadens in Geld verlangt werden. Andererseits werden nur solche Vermögensschäden von der Haftung erfaßt, die auf der Verletzung der in § 823 Abs. 1 aufgezählten absoluten Rechten oder der in Abs. 2 erfaßten Schutzgesetze beruhen. Insoweit geht die Haftung aus Vertrag weiter.

Eine unbeschränkte Haftung für Vermögensschäden kann sich dagegen aus § 826 – sittenwidrige vorsätzliche Schädigung – ergeben. Allerdings wird eine absichtliche Schädigung durch einen Trainer, wie es dieser Tatbestand erfordert, kaum nachweisbar sein.

Eine verschärfte Haftung gilt für die Tierhalterhaftung gem. § 833. Diese kann eingreifen, wenn z. B. ein Trainer sein eigenes Pferd für den Reitunterricht zur Verfügung stellt. Nach dem Gefährdungstatbestand in Satz 1 haftet er ohne Verschulden allein dann, wenn die Schädigung auf einer Realisierung der typischen Tiergefahr beruht. Häufig wird allerdings nur die vermutete Verschuldenshaftung des Satzes 2 eingreifen, wenn das Pferd der Erwerbstätigkeit des Trainers dient. Dann bleibt der Gegenbeweis mangelnden Verschuldens offen. Möglicherweise kann der Trainer auch als Hüter eines fremden Tieres gem. § 834 haften. Soweit besonders gefährliches Training ansteht, wie etwa Springen, Dressurreiten, Fuchsjagd oder dergleichen, könnte allerdings ein „Reiten auf eigene Gefahr" in Betracht kommen[97].

An die Haftung des Trainers als Halter oder Führer eines Kraftfahrzeuges nach §§ 7 Abs. 1 oder § 18 StVG, falls er Sportler transportiert und diese infolge eines Unfalles Schaden erleiden, soll nur der Vollständigkeit halber erinnert werden. Typische Besonderheiten sind insoweit nicht gegeben.

2. Besonderheiten bei angestellten Trainern

Die Normalfälle sind Vereins- oder Verbandstrainer. Für Trainer, die in privaten Skischulen, Fitneßstudios u. ä. angestellt sind, gelten im wesentlichen die nachfolgenden Ausführungen entsprechend. Für angestellte Trainer sind folgende Besonderheiten erwähnenswert:

a) Besondere Pflichten

Da angestellte Trainer meistens für Mannschaftssportarten oder doch zumindest für Sportgruppen zuständig sind, kommen besondere Pflichten hinzu, die insbesondere im Bereich des Hochleistungssports immer grö-

---

[97] Vgl. *Scheffen* (o. Fn. 88), S. 2662 f m. w. N.; vgl. auch OLG Düsseldorf NJW 1975, S. 1892 f

ßere Bedeutung gewinnen. Man denke nur an den Aufbau einer zusammengekauften Mannschaft, die konkrete Spielvorbereitung, die taktische Einstellung und das Aufstellen der Mannschaft; dies kann vor allem bei Verbandsauswahlmannschaften mit besonderen Schwierigkeiten verbunden sein. Dazu trifft den Trainer die Pflicht, Nachwuchskräfte aufzubauen, in das Team zu integrieren und diese – ebenso wie Sportler nach schweren Verletzungen – in angemessener Zeit wieder an den Wettkampf heranzuführen, allerdings auch nicht zu früh. Eine wesentliche Pflicht besteht im Coachen der Mannschaft während der Spiele oder Turniere[98]. Außerdem ist der Trainer verpflichtet, seinen Vorstand über alle wesentlichen Tatsachen angemessen zu informieren[99], den Medien geschickt und werbewirksam Auskünfte zu geben[100], andererseits geheimhaltungsbedürftige Tatsachen zu wahren[101] – auch nach Beendigung des Trainerverhältnisses[102] – und vieles andere mehr. Aus der Verletzung der zuletzt genannten Pflichten rühren – wie wir Woche für Woche beobachten – so gut wie nie Schadensersatzansprüche, weil die schuldhafte Pflichtverletzung und ein daraus sich ergebender Schaden in der Praxis nur schwer nachzuweisen sind. Pflichtverletzungen in diesem Bereich haben zumeist nur vereins- oder arbeitsrechtliche Konsequenzen.

b) Vertragliche Haftung

Eine wesentliche Besonderheit besteht darin, daß eine vertragliche Haftung des angestellten Trainers nur gegenüber seinem Verein oder Verband, nicht aber gegenüber seinen Schützlingen in Betracht kommt. Denn zwischen geschädigtem Sportler und Trainer bestehen hier keine vertraglichen Bindungen. Das gilt auch dann, wenn Trainer und Athlet demselben Verein angehören, denn ein sich aus dem Vereinsrecht ergebendes personenrechtliches Sonderverhältnis – aus dem sich ein vertraglicher Anspruch ergeben könnte – besteht nur zum Verein, nicht zwischen den Mitgliedern[103]. Zwar könnte man an eine Haftung des Trainers aus dem Gesichtspunkt des Vertrages mit Schutzwirkung zugunsten Dritter[104] denken, was für den geschädigten Sportler den Vorteil hätte, daß der Trainer dann aus Vertrag auch für primäre Vermögensschäden haften würde. Die Leistung der Trainer ist natürlich in erster Linie auf die ihnen anvertrauten

---

98 Vgl. *del Fabro* (o. Fn. 47), S. 247 f m. w. N.
99 Vgl. *del Fabro* (o. Fn. 47), S. 243 f
100 Vgl. *del Fabro* (o. Fn. 47), S. 218 f
101 Vgl. *del Fabro* (o. Fn. 47), S. 218 f, 220
102 Vgl. *del Fabro* (o. Fn. 47), S. 221
103 *Reichert/van Look* (o. Fn. 88), Rdnr. 1958
104 Vgl. allg. *Palandt/Heinrich*, § 328 Rdnrn. 13 ff m. w. N.

Schützlinge bezogen; dieser Kreis ist auch konkret abgegrenzt. Die Anwendung dieses Rechtsinstituts scheitert aber m. E. daran, daß die Sportler nicht schutzbedürftig sind, weil sie über § 278 gleichwertige vertragliche Ansprüche gegen die Vereine oder Verbände haben[105], die dann u. U. Regreß bei dem Trainer nehmen können. In dieser Frage kann man jedoch unterschiedlicher Meinung sein.

3. Manipulationen

Über die normalen Sporthaftungsfälle hinaus treten besondere Haftungsprobleme beim modernen Hochleistungssport mit all seinen Exzessen und Manipulationen in das Blickfeld. Man denke an die oben schon angesprochenen Doping- oder Bestechungsfälle.

a) Doping

Ebenso wie aus strafrechtlicher Sicht ist im Falle einer Körperverletzung durch die Beibringung von Dopingmitteln durch den Trainer das Vorliegen einer rechtfertigenden Einwilligung wegen Sittenwidrigkeit zu verneinen (§ 138)[106].

Als Schutzgesetz i. S. v. § 823 Abs. 2 kommen insbesondere die Vorschriften des BtMG in Betracht. Allerdings wird den Sportler, der sich in voller Kenntnis unerlaubte Substanzen verabreichen läßt, ein sehr gewichtiges Mitverschulden treffen, so daß sein Anspruch gem. § 254 erheblich gemindert, häufig sogar ausgeschlossen sein wird. Dem Trainer gegenüber wiegt dieses Eigenverschulden des Sportlers i. d. R. schwerer als gegenüber einem dopenden Arzt, der in höherem Maße für die Gesundheit seines Patienten verantwortlich ist[107].

Nach § 823 hat der Trainer dem Sportler sämtliche aus der Gesundheitsbeschädigung herrührenden Schäden zu ersetzen. Darunter fallen natürlich alle Behandlungskosten, wohl auch entgangene Startgelder, deren Verlust auf einer Sperre infolge des entdeckten Dopings beruhen. Entgangene Siegesprämien wird der Sportler allerdings nicht ersetzt verlangen können, da ihm der Nachweis, daß er diese Prämien nach dem gewöhnlichen Lauf der Dinge mit Wahrscheinlichkeit hätte erwarten können (§§ 252 Satz 2, 287 ZPO), kaum erbringen kann[108]. Für den dopingbe-

---

105 Vgl. hierzu BGH NJW 1978, S. 883 sowie zur parallelen Problematik *Pfister*, in: Der Schiedsrichter und das Recht, Schriftenreihe des Württembergischen Fußballverbandes e. V. (Hrsg.), Nr. 25, S. 61 ff, 73 ff; a. A. *Friedrich* (o. Fn. 63), S. 9; *Turner* (o. Fn. 63), S. 721; offengelassen von *Schwab* (o. Fn. 63), S. 43
106 Vgl. oben II. 3. a) aa) insbes. Fn. 63
107 Vgl. *Turner* (o. Fn. 63), S. 720 (721), *Schwab* (o. Fn. 63), S. 43
108 Vgl. OLG Düsseldorf MDR 1986, S. 54

gründeten Verlust von Sponsoreneinnahmen haftet der Trainer – selbst wenn diese zu beweisen wären – ebenfalls nicht, weil es sich dabei nicht um Schäden handelt, die auf der Körperverletzung beruhen; es handelt sich dabei vielmehr um reine Vermögensschäden, die von § 823 nicht erfaßt werden[109]. Insoweit kann sich der angestellte Trainer allerdings eines Regreßanspruches seines Vereines/Verbandes ausgesetzt sehen, wenn dieser von seinem Mitglied für das Fehlverhalten des Trainers gem. § 278 aus Vertrag haftbar gemacht worden ist. Dabei sind nicht nur an die Ansprüche des unbewußt gedopten Athleten zu denken, sondern auch an Ansprüche der nichtgedopten Teammitglieder, denen ebenfalls Prämien und Sponsorengelder wegen eines Dopingfalles entgehen. Derartige Einnahmeverluste können primär auch die Vereine/Verbände treffen, wofür der dopende Trainer wegen Vertragsverletzung geradestehen muß. Selbst einem Sponsor gegenüber kann ein Trainer verpflichtet sein, geleistete Zuwendungen zurückzuzahlen[110]. Eine Haftung kann den Trainer selbst dann treffen, wenn er es pflichtwidrig unterlassen hat, gegen das Dopen seines Schützlings einzuschreiten[111].

Noch ein Blick auf eine mögliche Haftung des dopenden Trainers gegenüber geprellten Teilnehmern am Toto oder an der Rennwette: Insoweit fehlt es an einer vertraglichen Beziehung. Der Trainer begeht gegenüber den Wettern auch kein Delikt, insbesondere – wie oben aufgeführt – keinen Betrug. Etwas anderes könnte allenfalls mit dem BGH[112] dann gelten, wenn eine Täuschung des mitwettenden Trainers am Totalisatorschalter angenommen würde hinsichtlich des in der gleichen Gewinnklasse spielenden Mitwetters.

Der Vollständigkeit halber soll daran erinnert werden, daß durch Doping geschädigte, damals arglose oder noch im Kindesalter stehende Sportler der ehemaligen DDR noch heute gegen einen Trainer, der an Dopingmaßnahmen wissentlich teilnahm, möglicherweise Schadensersatzansprüche geltend machen können[113].

b) Bestechung

Bei Manipulation durch Zahlung oder Annahme von Verlustprämien können für einen Trainer immense Haftungsrisiken entstehen. Denn er begeht damit natürlich eine positive Forderungsverletzung gegenüber seinem Verein/Verband; außerdem kann eine Haftung aus § 823 Abs. 2 hergeleitet

---

109 Vgl. *Turner* (o. Fn. 63), S. 721
110 Vgl. BGH NJW 1992, S. 2690; Anm. *Schmidt* JuS 1993, S. 159 f
111 *Turner* (o. Fn. 63), S. 722, *Schwab* (o. Fn. 63), S. 44
112 BGHSt 29, 165, s. oben II. 3. a) bb)
113 *Lehner/Freibüchler* SpuRt 1995, S. 2, 5 m. w. N.

werden, soweit sein Verhalten – wie oben dargelegt[114] – als Betrug zu Lasten des Vereins gewertet werden kann. In diesem Fall müßte der Trainer wie im Falle des Dopings haften.

4. Haftungserleichterungen

Zu erwähnen sind vier wichtige Fallgruppen möglicher Haftungserleichterungen für angestellte Trainer:

a) Haftungseinschränkung gegenüber dem Arbeitgeber

Der gegen Entgelt angestellte Trainer haftet nach allgemeinen arbeitsrechtlichen Grundsätzen aus positiver Forderungsverletzung oder Delikt gegenüber seinem Arbeitgeber nur eingeschränkt, nämlich nur soweit ihm Vorsatz oder grobe Fahrlässigkeit zur Last fällt[115]. Darauf, ob – wie früher gefordert – der Schaden im Rahmen einer „gefahrgeneigten Arbeit" entsteht, etwa beim Steuern des Vereinsbusses zum Auswärtsspiel, kommt es nach der Entscheidung des Großen Senats des BAG vom 27. 9. 1994[116] nicht mehr an. Die Haftung ist also bei Vorliegen einfacher Fahrlässigkeit generell eingeschränkt, wenn der Arbeitnehmer dem Arbeitgeber einen Schaden bei Ausführung seiner Arbeit zufügt.

b) Freistellungsanspruch gegen den Arbeitgeber

Der gegen Entgelt angestellte Trainer hat, falls er in Ausführung seiner Beschäftigung einem Dritten einen Schaden zufügt, gegenüber seinem Arbeitgeber einen Freistellungsanspruch, soweit dieser ihn nach dem Vorgesagten im Innenverhältnis nicht in Anspruch nehmen könnte[117]. Das könnte in der Praxis z. B. relevant werden, wenn ein Schaden dadurch eintritt, daß ein Eishockey- oder Handballtrainer (einfach) fahrlässig Torschußtraining anordnet, obwohl hinter dem Tor Kinder spielen oder ein wagemutiger Fotograf auf einen Schnappschuß lauert. Soweit der Trainer nicht Freistellung fordert, sondern den Anspruch des Dritten erfüllt, kann er vom Arbeitgeber Ersatz fordern[118].

---

114 S. oben II. 3. b)
115 *Zöllner/Loritz*, Arbeitsrecht, 4. Aufl. 1992, S. 225 ff m. w. N.
116 NJW 1994, S. 856, vgl. *Reichert/van Look* (o. Fn. 88), Rdnr. 1964
117 *Zöllner/Loritz* (o. Fn. 115), S. 229 m. w. N.; BAG v. 18. 1. 1966 AP Nr. 37 zu § 611 BGB; *Krause* VersR 1995, S. 752 m. w. N.
118 *Zöllner/Loritz* (o. Fn. 115), S. 229

c) Haftungsverlagerung auf die Unfallversicherung

Soweit der gegen Entgelt angestellte Trainer bei Erbringung seiner Arbeitsleistung einen anderen Arbeitnehmer bei einem Arbeitsunfall verletzt, sind gem. §§ 637, 636 RVO Schadensersatzansprüche ausgeschlossen, sofern der Unfall nicht bei Teilnahme am allgemeinen Verkehr eingetreten ist und der Trainer nicht vorsätzlich handelte[119]. Diese Regelung gilt allerdings nicht für Sach-, sondern nur für Personenschäden. Diese Haftungsverlagerung wird immer dann praktisch, wenn der geschädigte Sportler ebenfalls als Arbeitnehmer des Vereins/Verbandes anzusehen ist[120].

d) Freistellungsanspruch des ehrenamtlichen Trainers

Der ehrenamtlich im Verein/Verband tätige Übungsleiter, der nicht Arbeitnehmer ist, hat gegen seinen Verein – entsprechend den oben unter b) gemachten Ausführungen – ebenfalls einen Freistellungs- oder Erstattungsanspruch, wenn er im Rahmen seiner ihm satzungsgemäß übertragenen Aufgabe weder vorsätzlich noch grob fahrlässig einen Schaden verursacht[121]. Dies gilt aber nicht nur gegenüber Schäden, die bei außenstehenden Dritten entstehen, sondern insbesondere bei Schäden, die der Übungsleiter den Schützlingen aus seinem eigenen Verein zufügt[122]; eine Sonderregelung entsprechend § 637 RVO besteht hier nicht. In entsprechender Parallele zum Arbeitsrecht dürfte es auch hier nicht mehr darauf ankommen, ob der Schaden bei gefahrgeneigter Tätigkeit entstanden ist (vgl. a).

IV. Schlußbetrachtung

Die vielfältigen, leider nicht geringen Risiken, denen Trainer im Sport ausgesetzt sind[123], realisieren sich zum Glück nur selten und haben glücklicherweise nur vereinzelt ein Nachspiel vor Gericht. Das liegt nicht zuletzt auch daran, daß in vielen Fällen von Streitigkeiten zwischen Vereinsmitgliedern oder zwischen angestellten Trainern und Vereinen ein

---

119 *Zöllner/Loritz* (o. Fn. 115), S. 230; *Reichert/van Look* (o. Fn. 88), Rdnrn. 1978 ff m. w. N.; vgl. allg. zur Sozialversicherung im Sport: *Gitter*, in: Würtenberger (Hrsg.), Risikosportarten, Recht und Sport, Bd. 14, 1991, S. 21 ff
120 Zur Abgrenzung: *Reichert/van Look* (o. Fn. 88), Rdnrn. 1981 f
121 *Reichert/van Look* (o. Fn.88), Rdnr. 1769 m. w. N.
122 BGHZ 89, 153 (157 ff) = NJW 1984, S. 789
123 In der Diskussion stand das Ausmaß dieses Risikos im Mittelpunkt, insbesondere wegen der schwierigen Grenzziehung der Sorgfaltspflichten im Einzelfall sowie der z. T. sehr intensiven Trainingsmethoden im Hochleistungssport. Diese Fragen münden in die der Ethik im Sport, die Gegenstand einer Tagung des Konstanzer Arbeitskreises für Sportrecht e. V. im Jahr 1997 sein wird.

klärendes Wort unter Sportlern stattfindet oder aber eine vereinsinterne Schlichtung oder ein Vereinsstrafverfahren durch Satzungen und Vertragsbestimmungen vorgesehen sind[124]. Zumindest Arbeitsgerichts- und Strafverfahren können dadurch häufig vermieden werden. Viele Schadensersatzforderungen können mit Hilfe der obligatorischen Sporthaftpflichtversicherung der Verbände[125] bzw. der Berufsgenossenschaft befriedigt werden, wodurch auch Zivilprozesse entbehrlich werden.

Die Gerichte können nur hoffen, daß die Sportler die dargestellten Probleme auch in Zukunft überwiegend intern zu klären vermögen und damit einen wertvollen Beitrag zur Entlastung der Justiz leisten. Möglicherweise ist meine Übersicht geeignet, Hilfestellung dazu zu geben, damit auch diese einvernehmlichen Lösungen nicht nur nach Gefühl, Sportgeist oder Zufall, sondern nach Gesetz und Recht angestrebt werden.

---

124 Vgl. z. B. die DFB-Trainerverordnung vom 29. 4. 1995, §§ 10, 11 und 14 mit Entwurf des Arbeitsvertrages für Trainer (Anl. III), § 9; allg. hierzu *Reichert/van Look* (o. Fn. 88), Rdnrn. 1587 ff m. w. N.
125 Vgl. *Hübner* in: oben Fn. 119, S. 15 ff

Die Rechtsstellung von Trainern aus arbeitsrechtlicher Sicht nach österreichischer und deutscher Rechtslage[*]

von Univ.-Prof. Dr. Wolfgang Holzer

I. Einleitung

Die rechtliche Einordnung des Berufs „Sporttrainer" kann keinesfalls einheitlich erfolgen. Sie differiert vielmehr von Sportart zu Sportart erheblich. Finden wir etwa im Tennis oder Boxen vielfach gesellschaftsähnliche Abmachungen zwischen Trainer und Aktiven, so ist, wie gezeigt werden wird, in den Mannschaftssportarten wie Fußball, Handball, Volleyball, Basketball, Eishockey etc. der Trainer regelmäßig Arbeitnehmer des jeweiligen Sportvereins. Nur dieser Konstellation sind meine Ausführungen gewidmet. Sie werden auf dem österreichischen Arbeitsrecht beruhen, doch werde ich versuchen, allfällige Unterschiede zur deutschen Rechtslage hervorzuheben.

II. Grundlegendes zur Rechtsstellung

1. Die Arbeitnehmereigenschaft des Trainers

Während die Arbeitnehmereigenschaft der Sportler lange Zeit Gegenstand von Diskussionen war, ist die der Trainer weitgehend unbestritten. Ein Trainer in den Mannschaftssportarten erbringt seine Dienstleistung in persönlicher Abhängigkeit zum ihm beschäftigenden Verein. Er ist weisungsgebunden, persönlich arbeitspflichtig und in den Sportbetrieb des Vereins eingegliedert. Seine Stellung verwirklicht daher in allen Einzelheiten die Merkmale der Arbeitnehmereigenschaft[1].

2. Ist der Trainer Arbeiter oder Angestellter?

Im österreichischen Arbeitsrecht wird nach wie vor zwischen Arbeitern und Angestellten differenziert, ein Umstand, der im deutschen Arbeitsrecht kaum noch Bedeutung hat. Unterschiede in der Rechtsstellung ergeben sich vor allem bei der Entgeltfortzahlung im Krankheitsfall und den

---

[*] Vortrag gehalten am 8. 9. 1995 vor dem Konstanzer Arbeitskreis für Sportrecht auf dessen Herbsttagung 1995 in Burg im Spreewald
[1] Vgl. *Grunsky*, Vertrags- und arbeitsrechtliche Probleme des Fußballtrainers im Amateur- und Profibereich, in: Schriftenreihe des WFB Nr. 29, 1992, S. 48 (50)

Kündigungsmodalitäten. Angestellter ist nach österreichischem Recht, wer überwiegend kaufmännische Dienste, höhere nicht kaufmännische Dienste oder Kanzleiarbeiten verrichtet. Während man bei den Aktiven in der Praxis davon ausgeht, daß sie keinesfalls höhere nicht kaufmännische Dienste erbringen, steht dies für den Trainerberuf wohl außer Zweifel. Höhere Dienste leistet nach der Rechtsprechung, wer in Richtung der ausgeübten Tätigkeit entsprechende Schulung und Vorkenntnisse aufweist, die Arbeitsaufgabe fachlich durchdringt und nicht durch eine zufällige Ersatzkraft substituiert werden kann[2]. Allein der Umfang, den Ausbildung und Fortbildung von Trainern in so gut wie allen Sportarten erreicht haben, belegt dieses Niveau; daß Trainer gegen beliebige Ersatzkräfte ausgetauscht werden könnten, ist offensichtlich nicht der Fall. Die hier zu erörternden Trainer sind daher Angestellte; dies gilt wohl auch für das deutsche Recht (vgl. § 133 Abs. 2 SGB VI).

3. Der Verein als Betrieb

Für die arbeitsrechtliche Stellung der Trainer ist es von Bedeutung, ob diese ihre Dienstleistung in einem Betrieb im Sinne der Betriebsverfassung erbringen. § 34 ArbVG umschreibt den Betrieb als eine Arbeitsstätte, die eine organisatorische Einheit bildet, innerhalb der eine juristische oder physische Person mit technischen oder immateriellen Mitteln die Erzielung bestimmter Arbeitsergebnisse ohne Rücksicht auf Erwerbsabsicht fortgesetzt verfolgt. Wenngleich das deutsche BetrVG in § 1 den Betrieb nicht definiert, wird dieser Begriff auch in Deutschland ganz im obigen Sinne interpretiert[3]. Füllt man nun diese Definition des Betriebes mit den Gegebenheiten eines Sportvereins auf, so zeigt sich dessen Betriebseigenschaft mit aller Deutlichkeit. Betriebsinhaber ist der Verein, Belegschaft sind Spieler, Trainer, Platzwart, Zeugwart, Angestellte des Sekretariats etc., Betriebsmittel sind die Sportanlagen, Sportgeräte, Vereinslokale etc.; und daß diese einheitliche Organisation einen bestimmten Zweck fortgesetzt verfolgt, ist ebenfalls evident. Erreicht werden sollen sportliche und neuerdings durchaus auch wirtschaftliche Erfolge durch den Sportbetrieb.

Sowohl das deutsche als auch das österreichische Betriebsverfassungsrecht knüpft seine Anwendbarkeit an eine Mindestarbeitnehmerzahl von fünf, doch wird diese in den Mannschaftssportarten allein schon durch die Zahl der Spieler regelmäßig überschritten, so daß in der Folge von der vollen Anwendbarkeit des Betriebsverfassungsrechts ausgegangen werden kann.

---

2 Vgl. zuletzt OGH v. 29. 3.1995 – 9 Ob A 17/95
3 Vgl. z. B. BAG v. 23. 9. 1982 – BB 1983, S. 1534; *Löwisch*, Betriebsverfassungsgesetz, 1989, S. 26

4. Ist der Sportverein ein Tendenzbetrieb?

Der Umfang der Mitbestimmung einer Belegschaftsvertretung ist sowohl nach österreichischem als auch nach deutschem Betriebsverfassungsrecht stark eingeschränkt, wenn dem Betrieb, in dem die Belegschaftsvertretung etabliert ist, die Eigenschaft eines Tendenzbetriebes zukommt. Unterschiede ergeben sich allerdings insoweit, als § 132 ArbVG im Unterschied zu § 118 BetrVG künstlerische Betriebe nicht unter die Tendenzbetriebe zählt. Gerade an Hand dieser Zwecksetzung wird aber in Deutschland die Frage diskutiert[4]. Steht also aus österreichischer Sicht fest, daß Sportvereine keine Tendenzbetriebe sind, so möchte ich auch für Deutschland eher diese Auffassung vertreten. Selbst wenn man das „mens sana in corpore sano" als sportideologisches Credo ins Zentrum rückt, muß man den Begriff der Kunst ziemlich überdehnen, um für den Sport noch Platz zu finden. Sicher, man spricht von Fechtkunst, Reitkunst etc. Der moderne Berufssport, um den es hier geht, ist jedoch voll kommerzialisiert und allenfalls ein Teil des Show-business, dem auch nach deutscher Auffassung überwiegend der Tendenzcharakter abgesprochen wird[5]. Hinzu kommt, daß die Ausnahmebestimmung der Betriebsverfassung über den Tendenzschutz wohl eher eng zu interpretieren ist.

5. Ist der Trainer ein leitender Angestellter?

Sowohl das österreichische als auch das deutsche Betriebsverfassungsrecht nimmt leitende Angestellte von seinem Anwendungsbereich aus. Der Begriff des leitenden Angestellten in § 36 ArbVG ist jedoch so eng gefaßt, daß Trainer wohl nur ausnahmsweise von ihm erfaßt werden. Leitender Angestellter ist nämlich nur jemand, der maßgeblichen Einfluß auf die Führung des Betriebes hat. Die Bestimmung wird überdies eng ausgelegt[6]. Jedenfalls diskutabel ist die Stellung eines Trainers als leitender Angestellter allerdings dann, wenn ihm, wie es so schön heißt, „die volle sportliche Verantwortung" überlassen ist und er insbesondere auf Engagement oder Abgabe von Spielern entscheidenden Einfluß nehmen kann. Ist ein Trainer leitender Angestellter im Sinne von § 36 ArbVG, bedeutet dies insbesondere, daß er keinem Kündigungsschutz unterliegt, denn dieser ist in Österreich im Rahmen der Betriebsverfassung angesiedelt.

Der Kreis der leitenden Angestellten wird in § 5 Abs. 3 BetrVG wesentlich weiter gezogen als nach österreichischem Recht, so daß Trainer

---

4 Vgl. *Kania*, Betriebsräte in Lizenzfußballvereinen, SpuRt 1994, S. 121 (125)
5 Vgl. *Blanke*, in : *Däubler/Kittner/Klebe/Schneider*, BetrVG, 1991, Rdnr. 30 zu § 118
6 Vgl. dazu *Marhold*, in: *Mayer-Maly/Marhold*, Österreichisches Arbeitsrecht, Bd. II, Kollektivarbeitsrecht, 1991, S. 136

nach dieser Bestimmung weit häufiger aus der Betriebsverfassung herausfallen werden[7]. Die diesbezüglichen Konsequenzen sind allerdings geringer zu veranschlagen, weil nach deutschem Recht der Kündigungsschutz auch auf leitende Angestellte Anwendung findet. Bedeutsam ist jedoch, daß nach beiden Rechtsordnungen der Versetzungsschutz die Anwendbarkeit des Betriebsverfassungsrechts voraussetzt und daher mit der Qualifikation des Trainers als leitender Angestellter verloren geht. Vor allem Versetzungen von Trainern in den Nachwuchsbereich kommen in der Praxis häufig vor[8]. § 31 Abs. 1 des Sprecherausschußgesetzes gewährt nämlich einem allenfalls gebildeten Sprecherausschuß der leitenden Angestellten im Versetzungsfall nur ein Informationsrecht, jedoch keine echte Mitbestimmungsmöglichkeit[9].

6. Die Gerichtszuständigkeit

Aus dem Umstand, daß zwischen Verein und Trainer ein Arbeitsvertrag besteht, folgt, daß für Rechtsstreitigkeiten aus diesem Vertragsverhältnis die Arbeitsgerichte zuständig sind. Die Vereinbarung der Zuständigkeit von Schiedsgerichten ist nach deutschem Recht überhaupt unzulässig[10] und nach österreichischem Recht nur für bereits entstandene, nicht jedoch für zukünftige Rechtsstreitigkeiten möglich[11]. Die Vorschaltung einer obligatorischen Schlichtung vor der Anrufung der Arbeitsgerichte ist jedoch zulässig. Der österreichische OGH verlangt allerdings eine unparteiische Zusammensetzung solcher Schlichtungsstellen als Voraussetzung für ihre Anerkennung[12].

III. Ausgewählte Einzelfragen der Vertragsauflösung

Da es im gegebenen Rahmen nicht möglich ist, alle Konsequenzen der geschilderten Rechtsstellung des Trainers zu erörtern – sie reichen von der Anwendbarkeit des Urlaubsrechts, der Entgeltfortzahlungsvorschriften etc. bis zu den Grundsätzen der Arbeitnehmerhaftung[13] – sollen in der Folge nur einzelne Probleme der Vertragsauflösung näher beleuchtet werden, bilden diese doch in der Praxis den meisten Konfliktstoff zwischen Trainern und ihren Arbeitgebern.

---

7 Vgl. dazu *Löwisch* (o. Fn. 3), S. 50
8 Vgl. *del Fabro*, Der Trainervertrag, 1992, S. 186
9 Vgl. *Löwisch*, Arbeitsrecht, 1991, Rdnr. 790
10 Vgl. § 101 Abs. 2 ArbGG
11 Vgl. § 9 Abs. 2 ASGG
12 Vgl. z. B. OGH v. 10. 5. 1983, Arb. 10.250
13 Vgl. hierzu die Ausführungen von *Dury* in diesem Band, S. 1 ff.

1. Die Befristung des Trainervertrags

Die Arbeitsverträge von Trainern werden in aller Regel befristet abgeschlossen. Mitunter kommt es auch zu einer wohl zulässigen vertraglichen Kombination von Kündigung und Befristung dergestalt, daß anstelle des automatischen Vertragsablaufs das Erfordernis einer Kündigung vor dem Zeitablauf vereinbart wird, deren Unterlassung zu einer Verlängerung des Vertragsverhältnisses um eine weitere Periode führt. Die Befristung von Arbeitsverträgen ist nach österreichischem Arbeitsrecht, anders als nach deutschem, im Prinzip völlig unbedenklich, wenngleich befristete Arbeitsverhältnisse auch in Österreich sowohl den allgemeinen als auch den besonderen Kündigungsschutz leerlaufen lassen. Eine Ausnahme besteht im Mutterschutzrecht – immerhin haben wir durchaus auch mit Trainerpersönlichkeiten weiblichen Geschlechts zu rechnen – insoweit, als nach § 10a MuttSchG der Ablauf von befristeten Arbeitsverhältnissen bis zum Beginn der Schutzfrist vor der Entbindung gehemmt wird, wenn die Befristung nicht sachlich gerechtfertigt ist, wobei das Gesetz selbst in § 10a Abs. 2 die in Betracht kommenden Rechtfertigungsgründe auflistet.

Sehr wohl bedenklich ist nach österreichischem Recht die Aneinanderreihung befristeter Arbeitsverhältnisse, also das Phänomen des Kettenarbeitsvertrages, welches im Berufssport auch bezüglich der Arbeitsverhältnisse von Trainern keine Seltenheit darstellt. Solche Kettenarbeitsverträge werden in Österreich jedenfalls ab ihrer Dreigliedrigkeit bei fehlender sachlicher Rechtfertigung als unbefristete Arbeitsverhältnisse gewertet, weil in der wiederholten Befristung die Umgehung von Kündigungsschutzvorschriften erblickt wird[14]. Die Anwendung dieses Rechtssatzes auf Trainer ist einmal deshalb möglich, weil die Bestimmungen eines besonderen Kündigungsschutzes – von Mutterschutz bis zum Behindertenschutz – grundsätzlich in Betracht kommen, aber auch an der prinzipiellen Geltung des allgemeinen Kündigungsschutzes nicht zu zweifeln ist, obwohl dieser anders als in Deutschland in die Betriebsverfassung eingebettet ist und an das Vorliegen eines betriebsratspflichtigen Betriebes anknüpft. Diese Voraussetzung ist jedoch, wie eingangs erläutert, bei einem Sportverein regelmäßig gegeben. Soweit wir es allerdings mit einem Trainer zu tun haben, der leitender Angestellter im Sinne des § 36 ArbVG ist, könnte durch Kettenarbeitsverträge nur noch ein allenfalls in Betracht kommender besonderer Kündigungsschutz umgangen werden, was eine breitere Anerkennung der Befristung auch im Kettenarbeitsvertrag denkbar erscheinen läßt. Eine weitere Rechtfertigung von Kettenarbeitsverträgen im Sport könnte dahingehend versucht werden, daß man die gewisse

---

14 Vgl. dazu *Schwarz/Löschnigg*, Arbeitsrecht, 1995, S. 221

Nähe, die der Sport als Teil des Show-business zum Schauspiel aufweist, für die Rechtfertigung von Befristungsketten fruchtbar macht, die in diesem Bereich ja schon von Gesetzes wegen anerkannt sind[15].

Noch wesentlich diffundierter erweist sich das Verhältnis des deutschen Arbeitsrechts zum befristeten Arbeitsverhältnis. Ausgangspunkt ist hier, daß außerhalb des Geltungsbereichs des ohnehin nur zeitlich begrenzt in Geltung stehenden Beschäftigungsförderungsgesetzes schon in der Befristung an sich eine Umgehung des Kündigungsschutzes erblickt wird, sofern keine sachliche Rechtfertigung für diese vorliegt[16]. Als sachliche Rechtfertigung wird allerdings auch das Abwechslungsbedürfnis des Publikums akzeptiert[17], dies vor allem im künstlerischen Bereich. In Lehre und Rechtsprechung wird hier jedoch weiter differenziert: man läßt Befristungen für Solisten zu[18], nicht jedoch für Chor, Orchester und Ballett[19]. Vor diesem Hintergrund fällt es schwer, den Trainerberuf generell einzuordnen. Bei Spitzentrainern im Mannschaftssport der höchsten Spielklassen ist eine gewisse Nähe des Trainers zum Solisten nicht zu leugnen. Auch existiert zweifellos ein gewisses Abwechslungsbedürfnis des Publikums, obgleich auch Vereinstrainer vereinzelt auf eine längere Tätigkeitsdauer bei ein und demselben Verein hinweisen können. Was Verbandstrainer anlangt, haben deutsche Untergerichte jedenfalls die Rechtfertigung einer Befristung durch bloße Branchenüblichkeit abgelehnt[20]. Anerkennung findet beim BAG offenbar die sachliche Rechtfertigung von befristeten Trainerverträgen durch den sogenannten „Verschleißtatbestand", der im gegebenen Zusammenhang darin erblickt wird, daß die Fähigkeit eines Trainers, Spitzensportler zu motivieren, einem Abnutzungsprozeß ausgesetzt ist[21].

Eine weitere Differenzierung ergibt sich für jene Trainer, die leitende Angestellte im Sinne von § 14 Abs. 2 KSchG sind. Ihr Kündigungsschutz kann durch Zahlung einer Abfindung seitens des Arbeitgebers durchbrochen werden. Wird also von Haus aus zur Befristung hinzu die Zahlung

---

15 Vgl. § 29 Abs. 1 SchauSpG
16 Münchener Handbuch zum Arbeitsrecht-*Wank*, § 113 Rdnr. 47
17 *Wank* (o. Fn. 16) § 113 Rdnr. 101; *Rehbinder*, Der befristete Arbeitsvertrag als Regeltyp im Recht der Bühne, RdA 1971, S. 211 (214); *Wiedemann*, Zur Typologie zulässiger Zeitarbeitsverträge, in: FS für Lange, 1970, S. 395 (401)
18 Münchener Kommentar-*Schwerdtner*, § 620 BGB Rdnr. 195
19 BAG, AP Nr. 34 zu § 620 BGB Befristeter Arbeitsvertrag
20 ArbG Karlsruhe v. 18. 10. 1984, 6 Ca 645/83
21 BAG v. 19. 9. 1986 – 2 AZR 570/85; vgl. weiter *Hillebrecht* in Gemeinschaftskommentar zum Kündigungsschutzrecht und sonstigen kündigungsschutzrechtlichen Vorschriften, 1989, Rdnrn. 194 ff zu § 620 BGB; Münchener Kommentar-*Schwerdtner*, § 620 BGB, Rdnrn. 194 ff; *Wiedemann* (o. Fn. 17), S. 407

einer angemessenen Abfindung vereinbart, ist die Befristung jedenfalls wirksam[22].

Zusammenfassend kann gesagt werden, daß nach österreichischem Arbeitsrecht ein befristeter Trainervertrag jedenfalls wirksam ist, Befristungsketten jedoch in ein unbefristetes Arbeitsverhältnis münden. Nach deutscher Rechtslage dürfte wohl meist eines aus der Vielzahl der Argumente, die eine Befristung rechtfertigen können, schlagend werden, so daß selbst Befristungsketten vielfach dem Verdikt der Umgehung des Kündigungsschutzes entgehen dürften.

2. Auflösend bedingte Trainerverträge

Auflösende Bedingungen kommen in Trainerverträgen dergestalt vor, daß die Auflösung des Vertragsverhältnisses an das Nichterreichen bestimmter sportlicher Ziele geknüpft wird, wie z. B. Nichterreichen des Aufstiegs in eine höhere Spielklasse oder Verfehlen des Klassenerhalts.

Das österreichische Arbeitsrecht folgt bei der Unterscheidung zwischen Bedingung und Befristung der römisch-rechtlichen Tradition. Als Befristung wird jeder „dies certus" anerkannt, also jedes sicher eintretende Ereignis, auch der „dies certus an incertus quando", also jener sicher eintretende Tag, von dem jedoch unsicher ist, wann er kommt. So gesehen wird etwa ein Arbeitsverhältnis „für die laufende Saison" auch dann als befristet anerkannt, wenn die Dauer der Saison nicht von vornherein datumsmäßig fixiert ist, sondern etwa witterungsbedingt, man denke z. B. an den Skisport, nicht exakt umrissen ist. Als Bedingung wird demgegenüber jeder „dies incertus" als jedes unsicher eintretende Ereignis verstanden.

Die Gültigkeit auflösender Bedingungen beim Arbeitsverhältnis wird in Österreich nahezu generell verneint[23]. Begründet wird dies mit dem Schutzgedanken des Arbeitsrechts, der es nicht erlaube, den Arbeitnehmer über das Schicksal seines Arbeitsverhältnisses im unklaren zu lassen. Der Arbeitnehmer habe ein Recht darauf, vom bevorstehenden Ende seines Vertragsverhältnisses so rechtzeitig Kenntnis zu erlangen, daß er die zu seiner Existenzsicherung notwendigen Dispositionen treffen kann.

Diese Begründung trägt allerdings umfassend nur bei Bedingungen im Sinne eines „dies incertus an incertus quando". Hier ist sowohl der Bedingungseintritt selbst als auch der Zeitpunkt, zu dem er erfolgen kann, unsicher. Die eingangs geschilderten auflösenden Bedingungen, die in Trainerverträgen anzutreffen sind, folgen jedoch dem Schema des „dies incertus an certus quando". Unsicher ist nur, ob der Verein ab- bzw. aufsteigt, der

---

22 *Wank* (o. Fn. 16), § 113 Rdnr. 30
23 Vgl. *Schwarz/Löschnigg* (o. Fn. 14), S. 229

Zeitpunkt, wann dies passieren kann, steht jedoch von vornherein fest. Solche auflösenden Bedingungen, deren Realisierung mit einem Stichtag verbunden ist, erfahren neuerdings in der österreichischen Lehre[24] und Rechtsprechung zögernde Akzeptanz. Der OGH hatte einen Fall zu beurteilen, in dem ein Trainer grundlos fristlos entlassen wurde, ein Vorgang, der nach österreichischem Recht das Arbeitsverhältnis löst, aber für die restliche Vertragszeit einen Schadenersatzanspruch begründet. Strittig war nun gerade diese restliche Vertragszeit, denn der Vertrag sah vor, daß er nach einem Jahr endet, wenn der Verein den Wiederaufstieg in die nächsthöhere Spielklasse nicht schaffen sollte. Ansonsten sollte er zwei Jahre laufen. Die Entlassung des Trainers erfolgte im ersten Jahr. Der Trainer verlangte Schadenersatz bis zum Ablauf des zweiten Vertragsjahres mit dem Argument, daß – hätte man ihn weiterarbeiten lassen – der Wiederaufstieg jedenfalls erreicht worden wäre. Er stützte sich also nicht auf eine allfällige Nichtigkeit der Bedingung, sondern auf den Umstand, daß sein Vertragspartner den Bedingungseintritt durch die unbegründete Entlassung wider Treu und Glauben herbeigeführt habe. Der OGH seinerseits reflektierte ebenfalls nicht eine allfällige Nichtigkeit der auflösenden Bedingung, sondern ging vielmehr implizit von ihrer Gültigkeit aus und folgte der Rechtsansicht des Klägers, indem er dem beklagten Verein den Beweis dafür auferlegte, daß auch ohne fristlose Entlassung des Klägers der Wiederaufstieg verfehlt worden wäre[25].

Die deutsche Lehre hält auflösende Bedingungen unter zwei Voraussetzungen für wirksam. Sie müssen entweder sachlich gerechtfertigt sein oder nach Bedingungseintritt eine einer Kündigungsfrist entsprechende Auslauffrist vorsehen[26]. Das BAG beurteilte auflösende Bedingungen ursprünglich nach denselben Grundsätzen wie Befristungen[27], schwenkte aber zumindest zeitweilig gerade in einer Entscheidung, die den Sport betrifft, auf einen strengeren Standpunkt ein[28]. Es ging hier um den Lizenzentzug gegenüber dem Verein als auflösende Bedingung des Arbeitsvertrages eines Fußballspielers. Diese auflösende Bedingung erklärte das Gericht für unwirksam und verlangte allgemein für die Wirksamkeit derartiger Klauseln, daß sie, so ihr Eintritt nicht ohnehin vom Willen des Arbeitnehmers abhänge, in dessen vornehmlichem Interesse liegen müssen. Diesen Kriterien würden die eingangs geschilderten auflösenden Bedingungen in Trainerverträgen eher selten standhalten. Im Einzelfall mag es im Interesse eines Trainers liegen, den Verein nicht in eine untere

---

24 *Schrammel*, Resolutivbedingungen im Arbeitsverhältnis, ZAS 1984, S. 221
25 OGH v. 9. 11. 1982, ZAS 1984, S. 227
26 *Wank* (o. Fn. 16), § 113 Rdnr. 149
27 BAG v. 17. 5. 1962, AP Nr. 2 zu § 620 BGB Befristeter Arbeitsvertrag
28 BAG v. 9. 7. 1981, AP Nr. 4 zu § 620 BGB Bedingung m. abl. Anm. *Herschel*

Spielklasse zu begleiten. Im Fall eines Nichtaufstiegs des Vereins jedoch entspricht die Vertragsauflösung wohl kaum dem Interesse des Trainers.

3. Die Lösung des Trainervertrags aus wichtigem Grund

Der Umstand, daß Trainerverträge meist befristet abgeschlossen werden, daher während der Laufzeit nicht rechtmäßig gekündigt werden können, rückt die verbleibende Möglichkeit der Lösung aus wichtigem Grund in das Zentrum des Interesses. Im Hinblick auf die eingangs getroffene Feststellung, daß Trainer Angestellte sind, gelten für deren Vertragsverhältnisse im österreichischen Recht die Auflösungsbestimmungen des Angestelltengesetzes. Dieses befleißigt sich, was die Lösung aus wichtigem Grund anlangt, der Regelungstechnik der Generalklausel mit Beispielsaufzählung. Der Generalklausel, daß das Arbeitsverhältnis aus wichtigem Grund gelöst werden kann, fügt das Gesetz eine beispielhafte Aufzählung von Entlassungs- und Austrittsgründen bei. Aus dem Umstand, daß es sich bei der Aufzählung dieser Gründe um eine demonstrative handelt, dürfen jedoch keine zu weitreichenden Schlüsse gezogen werden. Die Rechtsprechung betont zwar ständig, daß andere gleichgewichtige Gründe wegen der bloß demonstrativen Aufzählung im Gesetz durchaus Anerkennung finden können, sie hat jedoch noch nie einen nicht angeführten Grund als wichtigen Auflösungstatbestand anerkannt. Dieser Umstand setzt insbesondere auch der vertraglichen Vereinbarung wichtiger Lösungsgründe ganz enge Grenzen[29]. Gerade im Sport mag es reizvoll sein, etwa das Verfehlen bestimmter sportlicher Ziele als wichtigen Lösungsgrund zu vereinbaren. Eine solche Vereinbarung wäre jedoch zweifellos nichtig.

Auch für das deutsche Recht ist festzuhalten, daß Kündigungen während der Laufzeit eines befristeten Arbeitsvertrages nicht rechtmäßig möglich sind[30]. Die Lösung aus wichtigem Grund, außerordentliche Kündigung genannt, ist im BGB in § 626 als Generalklausel geregelt. Die Interpretation dieser Generalklausel erfolgt aufgrund einer umfassenden Interessenabwägung[31]. Auch in Deutschland ist es herrschende Auffassung, daß eine einzelvertragliche Erweiterung der Lösungsgründe nicht in Betracht kommt[32].

In der Folge soll versucht werden, aus dem Katalog der Entlassungs- und Austrittsgründe einige herauszugreifen, bei denen sich sportspezifische Aspekte auffinden lassen, die auch im Arbeitsverhältnis eines Trainers Bedeutung erlangen könnten.

---

29 Vgl. *Kuderna*, Entlassungsrecht, 1994, S. 55
30 LAG Bremen v. 15. 3. 1968, AP Nr. 56 zu § 626 BGB; *Wank* (o. Fn. 16), § 117 Rdnr. 22
31 *Löwisch* (o. Fn. 9), Rdnr. 1248
32 BAG v. 22. 11. 1973, AP Nr. 67 zu § 620 BGB; *Wank* (o. Fn. 16), § 117 Rdnr. 25

a) Die Entlassung des Trainers

Der erste Entlassungstatbestand des Angestelltengesetzes widmet sich der Untreue, der Geschenkannahme und ganz allgemein Handlungen, die den Arbeitnehmer des Vertrauens des Arbeitgebers unwürdig erscheinen lassen[33].

Verfolgt man die Berichterstattung der jüngeren Vergangenheit, so scheint auch der Sport vor einem gewissen Maß an Korruption nicht gefeit zu sein. Vor allem bei Fußballtrainern soll das illegale Kassieren von Provisionen bei Spielertransfers groß in Mode gekommen sein. Aber auch über Bestechungen zwecks Resultatsschiebungen bei Meisterschaftsspielen wird berichtet. Bestechlichkeit eines Trainers würde seine Entlassung nach diesem Tatbestand rechtfertigen. Dies gilt uneingeschränkt auch nach deutschem Recht. Verstöße gegen die hier angesprochene Treuepflicht des Arbeitnehmers sind als Störung des Vertrauensbereiches im Arbeitsverhältnis als wichtiger Lösungsgrund anerkannt[34]. Dies gilt im besonderen auch für die Annahme von Schmiergeldern[35].

Der zweite wichtige Lösungsgrund ist die Unfähigkeit zur Erbringung der vereinbarten Arbeitsleistung. Hier ist vor allem im Zusammenhang mit dem Sport an eine physische Unfähigkeit zur Leistungserbringung zu denken[36]. Der österreichische OGH hat diesen Lösungstatbestand z. B. bei einem Berufsfußballer verwirklicht gesehen, der sich beim Training in der Kraftkammer eine Querschnittslähmung zugezogen hat[37]. Im deutschen Recht würde man insoweit den Wegfall der Leistungsvoraussetzungen prüfen, einen wichtigen Lösungsgrund im Leistungsbereich des Arbeitnehmers[38]. Keinesfalls kann unter diesem Entlassungstatbestand allerdings bloße sportliche Erfolglosigkeit subsumiert werden[39].

Ebenfalls dem Leistungsbereich wären die Lösungsgründe der beharrlichen Pflichtverletzung und des unbefugten Fernbleibens vom Dienst zuzuordnen, doch sind dies Lösungsgründe, die – soweit ich das beurteilen kann – keine sportspezifischen Aspekte aufweisen. Dies würde man auch vom Entlassungstatbestand des Verstoßes gegen das Konkurrenzverbot annehmen, den das deutsche Recht ebenfalls anerkennt[40]. Doch gerade in Österreich hat sich vor Jahren ein einschlägiger Fall zugetragen, der durch

---

33 Vgl. *Kuderna* (o. Fn. 29), S. 81
34 *Wank* (o. Fn. 16), § 117 Rdnr. 69 ff
35 BAG v. 17. 8. 1972, AP Nr. 65 zu § 626 BGB
36 *Kuderna* (o. Fn. 29), S. 92
37 OGH v. 13. 10. 1993, RdW 1994, S. 186 = DRdA 1994, S. 320 m. krit. Anm. *Binder*
38 *Wank* (o. Fn. 16), § 117 Rdnr. 68, vgl. BAG v. 30. 5. 1978, AP Nr. 70 zu § 626 BGB
39 Vgl. *Del Fabro* (o. Fn. 8), S. 334; *Grunsky* (o. Fn. 1), S. 56
40 BAG v. 30. 1. 1963, EzA § 60 HGB Nr. 1; BAG v. 16. 6. 1976, EzA § 611 BGB Treuepflicht Nr. 1; BAG v. 6. 8. 1987, AP Nr. 97 zu § 626 BGB

die Presse ging. Der Trainer eines Bundesligavereins coachte nämlich heimlich ein Meisterschaftsspiel eines anderen Bundesligaclubs und wurde, als der Sachverhalt aufflog, wohl zu Recht fristlos entlassen. Immerhin hat es auch der DFB in § 10 Z 3 seiner Trainerordnung für nötig befunden, festzulegen, daß Trainer grundsätzlich nur für einen Verein arbeiten dürfen.

Von einer gewissen Bedeutung werden jedenfalls die im Vertrauensbereich angesiedelten Entlassungstatbestände der erheblichen Ehrverletzung gegen Arbeitgeber oder Mitbedienstete, aber auch Tätlichkeiten oder Verletzungen der Sittlichkeit gegenüber diesem Personenkreis sein[41], die wohl insgesamt auch nach deutscher Rechtslage als Grund für eine außerordentliche Kündigung in Betracht zu ziehen sind[42].

Vielfach tauchen in der Presse Berichte auf, daß ein Trainer wegen „vereinsschädigenden Verhaltens" entlassen worden sei. Diesbezüglich kann mitunter tatsächlich der Umstand der erheblichen Ehrverletzung gegenüber den Vereinsfunktionären verwirklicht worden sein. Gemeint ist aber allenfalls auch, daß das außerdienstliche Verhalten des Trainers den Ruf des Vereins gefährden könnte. Insoweit wäre allerdings der Entlassungstatbestand der bereits angesprochenen Vertrauensunwürdigkeit zu prüfen.

Zweifellos wird von Spitzensportlern auch außerdienstlich diszipliniertes Verhalten verlangt, das man gemeinhin mit dem Führen eines „sportlichen Lebenswandels" umschreibt. In dieser Hinsicht wird man vom Trainer sicher eine gewisse Vorbildfunktion verlangen können, so daß allzu starke Exzesse im Privatleben die Vertrauensbasis zum Verein durchaus erschüttern können, weil Trainer von der Öffentlichkeit in hohem Ausmaß mit ihrem Verein identifiziert werden[43].

Als „vereinsschädigendes Verhalten" wird es vielfach auch apostrophiert, wenn der Trainer in der Öffentlichkeit Kritik an der Vereinsführung oder dem Verein im allgemeinen äußert. So verpflichtet § 2 des Musteranstellungsvertrages des DFB für Trainer dieselben, über vereinsinterne Vorgänge Stillschweigen zu bewahren und vereinsschädigende Äußerungen zu unterlassen. Sofern in einem einschlägigen Verhalten eines Trainers nicht der Entlassungstatbestand des Verrats von Geschäftsgeheimnissen (darunter fallen die finanzielle Lage des Vereins, Vertragsverhandlungen mit Spielern und Sponsoren, die Identität anonymer Sponsoren und andere Vereinsinterna[44]) erblickt werden kann, wird es darauf

---

41 Vgl. *Kuderna* (o. Fn. 29), S. 120
42 Vgl. z. B. *Wank* (o. Fn. 16), § 117 Rdnr. 77
43 Vgl. *del Fabro* (o. Fn. 8), S. 294
44 Vgl. *del Fabro* (o. Fn. 8), S. 220

ankommen, ob dem Trainer öffentliche Äußerungen untersagt wurden. Ist dies der Fall, muß jedenfalls geprüft werden, ob ein solcher „Maulkorberlaß" aus dem Blickwinkel der Meinungsäußerungsfreiheit im Einzelfall als sachlich gerechtfertigt anerkannt werden kann[45]. Von Haus aus wird man nicht unterstellen können, daß sich ein Trainer öffentlicher Äußerungen in bezug auf seine Tätigkeit grundsätzlich zu enthalten habe, zumal eine gewisse Öffentlichkeitsarbeit seitens des Trainers heutzutage schon als zumindest konkludent vereinbarte vertragliche Verpflichtung angesehen werden muß[46].

Tätlichkeiten gegenüber Vereinsfunktionären sind nicht von der Hand zu weisen, doch wohl eher selten. Tätlichkeiten gegenüber den trainierten Sportlern werden vor allem aus dem Frauenturnsport berichtet, dürften aber insgesamt keinen Seltenheitswert besitzen, zumal das Verhältnis Trainer – Sportler mitunter ein durchaus spannungsgeladenes sein kann. Hier einzubeziehen wäre auch die Verabreichung von Arzneimitteln ohne das Einverständnis des betroffenen Sportlers[47].

Verletzungen der Sittlichkeit, zumindest in der Form sexueller Belästigung der Trainierten, werden immer wieder berichtet und haben schon öfters den Grund dafür gebildet, daß sich ein Verein von einem Trainer vorzeitig getrennt hat.

b) Der Austritt des Trainers

Davon, daß Trainer ihr Arbeitsverhältnis zum Verein aus wichtigem Grund lösen, wird eher selten berichtet. Gleichwohl lassen sich auch in diesem Zusammenhang einige sportspezifische Aspekte diskutieren.

Vorenthaltenes Entgelt rechtfertigt den Austritt des Trainers ebenso wie die Konkurseröffnung über den Verein, ein Ereignis, von dem im österreichischen Sportleben bevorzugt Eishockeyvereine betroffen werden. Auch Tätlichkeiten und Ehrverletzungen oder sexuelle Belästigungen gegenüber Trainern sind bei der oft labilen Gemütslage von Vereinsverantwortlichen nicht auszuschließen[48]. Der Austrittsgrund, den ich jedoch näher beleuchten möchte, ist die Verletzung wesentlicher Vertragsbestimmungen. Eine solche wesentliche Vertragsbestimmung, deren Verletzung vielfach nicht ausbleibt, ist die Zusicherung „alleiniger sportlicher Verantwortung". Es ist durchaus üblich, daß sich Spitzentrainer vertraglich ausbedingen, daß sie in allen sportlichen Fragen, insbesondere bezüglich der

---

45 Vgl. *del Fabro* (o. Fn. 8), S. 259
46 Vgl. *del Fabro* (o. Fn. 8), S. 233
47 Vgl. *del Fabro* (o. Fn. 8), S. 219
48 Vgl. dazu für Österreich *Schwarz/Löschnigg* (o. Fn. 14), S. 608 und 616; für Deutschland *Löwisch* (o. Fn. 9), Rdnr. 1234

Aufstellung der Kampfmannschaft, alleinverantwortlich sind, den Vereinsfunktionären also diesbezüglich kein Weisungsrecht zustehen soll. Eine Formulierung in diesem Sinne enthält z. B. § 2 des Musteranstellungsvertrages für Trainer des DFB. Die Vertragsbestimmung bleibt naturgemäß so lange außer Streit, als der betreute Verein sportliche Erfolge aufzuweisen hat. In der sportlichen Krise wächst jedoch die Versuchung für Vereinsfunktionäre und Sponsoren, in sportliche Belange hineinregieren zu wollen. Dieses Ansinnen würde meines Erachtens durchaus eine Lösung des Trainervertrages seitens des Trainers aus wichtigem Grund rechtfertigen und die daran geknüpfte Schadenersatzsanktion zu Lasten des Vereins auslösen[49].

4. Die Suspendierung des Trainers

Der Umstand, daß die Erfolglosigkeit eines Trainers keinen wichtigen Lösungsgrund darstellt und einer Versetzung in den Nachwuchsbereich vielfach vertragliche Hindernisse entgegenstehen, führt dazu, daß erfolglose Trainer vielfach für die restliche Vertragsdauer suspendiert werden. § 1155 ABGB sieht für diesen Fall ebenso wie § 615 BGB eine Entgeltfortzahlungspflicht des arbeitgebenden Vereines vor, bei der sich der Arbeitnehmer anrechnen lassen muß, was er sich durch das Unterbleiben der Arbeitsleistung erspart, was er anderweitig verdient und was er zu verdienen absichtlich versäumt. Die Rechtsordnung verpflichtet also den Arbeitnehmer, bei Annahmeverzug des Arbeitgebers eine zumutbare Ersatzarbeit bei sonstigem Verlust des Entgeltfortzahlungsanspruches anzunehmen. Im konkreten Fall eines vorsätzlichen Annahmeverzuges wird allerdings in der österreichischen Lehre mehr und mehr die Auffassung vertreten, daß anderweitige Beschäftigungen regelmäßig nicht zumutbar sind[50]. Dies würde sich im Ergebnis mit der Auffassung von *del Fabro* decken, der im Vorgang der Suspendierung einen konkludenten Verzicht auf die diesbezügliche Pflicht des Trainers erblickt und für seine Ansicht einige Entscheidungen von Schweizer Instanzgerichten ins Treffen führen kann[51].

---

49 Vgl. *del Fabro* (o. Fn. 8), S. 306
50 Vgl. *Grillberger*, in: Schwimann, AGBG-Praxiskommentar, Rdnr. 22 zu § 1155; *Schwarz/Löschnigg* (o. Fn. 14), S. 422
51 Vgl. *del Fabro* (o. Fn. 8), S. 314

Anerkennung ausländischer Trainerlizenzen nach deutschem und EU-Recht
von Dr. h.c. A. Walfried König

Die folgenden Ausführungen basieren auf den Erfahrungen, die der Verfasser als langjähriger Vertreter der Länder im „Comité directeur pour le développement du sport (CDDS)" des Europarats und im „Sport-Forum der Europäischen Union" als Mitgründer und Mitarbeiter des „Europäischen Netzwerks sportwissenschaftlicher Institutionen" sowie durch die Wahrnehmung der Mit-Zuständigkeit des Ministeriums für Stadtentwicklung, Kultur und Sport des Landes Nordrhein-Westfalen für verschiedene Trainer-Ausbildungslehrgänge von Sportorganisationen gewonnen hat.

Der vom „Konstanzer Arbeitskreis für Sportrecht" erteilte Arbeitsauftrag beinhaltet neben den Ausbildungsgängen natürlich deren Abschlüsse, die nicht nur auf internationaler Ebene, sondern auch im nationalen Bereich in sehr unterschiedlichen Institutionen bei entsprechend unterschiedlichen Voraussetzungen erworben werden können.

Die Bandbreite der Ausbildungsgänge für sportbezogene Lehrtätigkeiten, bei denen es sich nicht immer um „Berufe" im traditionellen Verständnis handelt, ist außerordentlich breit: von der Gymnastikschule bis zur Universität oder Sporthochschule, von der verbandsinternen Ausbildung bis zum Lehrberuf auf der Basis des Berufsbildungsgesetzes. Dies gilt nicht nur für die Situation in Deutschland, sondern mit vielen Varianten in den anderen Staaten, bei denen in politischer und rechtlicher Hinsicht nicht deutlich genug unterschieden werden kann zwischen Mitgliedsländern der Europäischen Union und des Europäischen Wirtschaftsraumes auf der einen Seite und allen sonstigen Staaten auf der anderen.

Die Zahl der Migranten ist in den letzten Jahrzehnten stark gestiegen, wobei die Gründe, die Aufenthaltsdauer, die Einbürgerungsfragen etc. hier unerörtert bleiben können. Nur auf die innerhalb der Europäischen Union (mit vertraglich abgesicherten Auswirkungen auf den EWR) beschlossene Freizügigkeit in der Wahl von Wohnsitz und Arbeitsplatz soll besonders hingewiesen werden, die die Mobilität natürlich gerade jener aktiv disponierten Personen begünstigt, auf die auch „der Sport" nicht verzichten möchte. Dabei ist es ohne Bedeutung, ob die Migranten ihre Tätigkeit im Sport haupt- oder nebenberuflich oder ehrenamtlich (eventuell gegen eine Aufwandsentschädigung, für die in einzelnen Ländern staatliche Zuschüsse bereitgestellt werden, die wiederum an den Nachweis definierter Qualifikationen gebunden sind), ausüben. Von ausschlaggebendem Gewicht ist hingegen die Antwort auf die Frage, ob die im Herkunftsland erworbenen tätigkeitsbezogenen Qualifikationen in dem Land anerkannt werden, in dem die Tätigkeit aufgenommen werden soll.

Solange es sich um seltene Fälle handelte, war die Beschränkung auf Einzelfallentscheidungen verständlich. Die gestiegene Anzahl hat jedoch die Erarbeitung zweier Systeme von Äquivalenz-Anerkennungen – im staatlichen wie im verbandlichen Bereich – erforderlich gemacht.

Vor deren Darstellung ist der in Betracht kommende Personenkreis zu definieren: Wer also darf sich „Trainer(-in)" nennen? (Im weiteren Text wird auf die weibliche Sprachform um der Vereinfachung willen verzichtet, nicht jedoch wegen der starken Dominanz von Männern in solcher Funktion!).

Die Bezeichnung ist nicht geschützt. Wer will, kann sich mit ihr schmücken. Deshalb begegnet sie uns nicht nur im außersportlichen Bereich (z. B. Verkaufstrainer), sondern in besonders großer Vielfalt bei den kommerziellen Sportanbietern (Studios, Ballettschulen, Tenniszentren, Skischulen etc.) in Verbindung mit dem jeweiligen Sportart-Schwerpunkt und bei den Sportorganisationen, die über Jugend-, Senioren-, Konditions-, Assistenz-, Chef-, Landes-, Bundestrainer u. v. a. verfügen. Alle diese Titel sollen zwar eine abgeschlossene Ausbildung vermuten lassen. Eine solche Vermutung hat jedoch rein spekulativen Charakter, solange nicht ein zusätzlicher Hinweis auf die erworbene Qualifikation gegeben wird, z. B. Diplomtrainer (Deutscher Sportbund) oder A-Lizenz-Trainer (Deutscher Fußball-Bund und andere Verbände). Dieselbe Unschärfe kennzeichnet auch die Verwendung analoger Begriffe (coach, entraîneur, entrenador ...) in den anderen Staaten und Sprachen. Worauf kann also terminologisch und inhaltlich-definitorisch überhaupt zurückgegriffen werden?

Diese Darlegung soll zunächst vom Beispiel der „Rahmen-Richtlinien für die Ausbildung im Bereich des Deutschen Sportbundes" ausgehen, der größten nationalen Sport-Dachorganisation in Europa, deren über 80 000 Vereine und Verbände an einem gigantischen Aus- und Fortbildungssystem teilhaben. Die gegenwärtig gültigen „Rahmen-Richtlinien..." wurden vom Hauptausschuß des Deutschen Sportbundes, in dem alle Verbände und Landessportbünde vertreten sind, am 23. Juni 1990 beschlossen.

„Sie (...) bieten inhaltlich und formal eine übersichtliche Konzeption für die unterschiedlichen Ausbildungsgänge der verschiedenen Funktionsträger/-innen im Sport. Mit der gestuften Lizenzierung wird den

Bedürfnissen und Anforderungen der Praxis und den Zielen einer Weiter- und Jugendbildung des Bundes und der Länder entsprochen. Durch die Rahmen-Richtlinien soll erreicht werden, daß
- die Ausbildung organisatorisch flexibel gestaltet und zeitlich variabel wahrgenommen werden kann,
- die für die Ausbildungsgänge gleichen Inhalte so vermittelt werden, daß beim Wechsel des Ausbildungsganges oder bei einer ergänzenden Ausbildung keine Wiederholungen notwendig werden.

Entscheidende Merkmale der Rahmen-Richtlinien sind
- die Gleichwertigkeit der Ausbildungsgänge untereinander,
- die möglichst einheitliche Ausbildung durch die Träger der Maßnahmen,
- die gegenseitige Anerkennung der erteilten Lizenzen innerhalb der Sportart (Spitzenverband/Landessportbund) und unter den Landessportbünden.

Die Rahmen-Richtlinien schaffen einen verbindlichen Mindestrahmen für alle Mitgliedsorganisationen."[1]

Es handelt sich um ein differenziertes und gestuftes System. Auf der Basisebene werden Ausbildungsgänge unterschieden für den künftigen sportartübergreifend tätigen Übungsleiter, den sportartspezifisch tätigen Fachübungsleiter und den am Wettkampfsport orientierten Trainer C. Alle drei Zweige umfassen je 120 Unterrichtseinheiten. Während die Übungsleiter ihre Qualifikation in weiteren 60 Unterrichtseinheiten erweitern können, z. B. im Hinblick auf Maßnahmen der Prävention und Rehabilitation, kann der Trainer über weitere 60 bzw. nachfolgende 90 Unterrichtseinheiten die B- oder A-Lizenz erwerben, die ihn zur Gestaltung des systematischen leistungsorientierten Trainings in einer Sportart auf höherem Niveau befähigen soll.

Die oberste Qualifikation kann durch eine Ausbildung an der Trainerakademie Köln erreicht werden, wobei mehrere Formen bestehen, in denen das Studium absolviert werden kann. Interessenten haben die Wahl zwischen einem bisher 18 und in Zukunft 24 Monate dauernden Präsenz-Studium und mehrjährigen Formen der Kombination von Fern- und Präsenz-Studium.

Der Erwerb einer „höheren" Lizenz setzt jeweils den Besitz der in diesem System vorhergehenden und den Nachweis zweijähriger Tätigkeit voraus. Die Gültigkeit ist zeitlich beschränkt auf vier (C), drei (B) bzw. zwei (A) Jahre. Lizenzinhaber müssen sich also in regelmäßigem Rhythmus der Fortbildung stellen.

---

1 Rahmen-Richtlinien, Seite 6

Die Aus- und Fortbildungsmaßnahmen finden ohne irgendeine staatliche Reglementierung in der Trägerschaft von Landessportbünden und Verbänden sowie ihrer Unterorganisationen statt; sie stellen auch die Lizenzen aus.

Es gibt jedoch einige Sonderfälle, bei denen staatliche Institutionen mitwirken. So arbeitet z. B. die Trainerakademie Köln auf der Basis einer Studien- und Prüfungsordnung des Kultusministers des Landes Nordrhein-Westfalen. Die Absolventen erhalten deshalb ein „Zeugnis über die Staatliche Prüfung für Trainer/-innen" und zusätzlich eine Urkunde des Deutschen Sportbundes, mit der sie zu Diplomtrainern/-innen ernannt werden. Staatliche bzw. universitäre Ausbildungs- und Prüfungsordnungen existieren in unterschiedlicher Form für Skitrainer, Skilehrer, Tauchlehrer u. v. a., wobei – um diese Darstellung begrenzen zu können – nur empfohlen werden kann, die jeweils spezifischen Ordnungen zu Rate zu ziehen.

Als Sonderfall soll hier nur noch die Ausbildung zum Fußballehrer des Deutschen Fußball-Bundes erwähnt werden, die bereits seit annähernd 50 Jahren an der Deutschen Sporthochschule Köln in Form eines Sonder-Lehrgangs durchgeführt wird, zu dem Personen zugelassen werden können, die neben dem Nachweis der A-Lizenz eine Reihe weiterer Kriterien erfüllen. Dieser Lehrgang dauert traditionell sechs Monate und wurde über Jahrzehnte auf der Basis staatlicher Ordnungen durchgeführt, die erst vor wenigen Jahren durch eine vom Deutschen Fußball-Bund selbst gesetzte und vom Kultusministerium geprüfte und anerkannte Ausbildungs- und Prüfungsordnung ersetzt wurden.

Wegen der Vielzahl unterschiedlicher Ausbildungsmöglichkeiten räumen die o. g. Rahmen-Richtlinien den Ausbildungsträgern ausdrücklich das Recht ein, darüber zu entscheiden, in welchem Umfang sie andere Ausbildungsgänge (oder Teile davon) anerkennen. Dabei wird zwischen in- und ausländischen Institutionen kein Unterschied gemacht. In anderen Staaten erworbene Qualifikationen können also anerkannt werden, wobei die Schwierigkeit darin liegt, im deutschen System die angemessene Äquivalenz-Position zu finden. Dieses Problem wird später noch einmal aufgegriffen. Zum Abschluß dieses Thementeils soll unterstrichen werden, daß der Arbeitsplatz des Trainers nicht im Öffentlichen Dienst liegt, sondern bei den Sportorganisationen auf allen Ebenen von der Kreisklasse bis zur Bundesliga, von den Bambini-Mannschaften bis zum spitzensportlichen A-Kader.

Der nächste Blick gelte den Hochschulen. In der Bundesrepublik Deutschland bieten mehr als 60 Hochschulen sportwissenschaftliche Studiengänge an. Die zu einem Lehramt im Schuldienst führenden können in diesem thematischen Zusammenhang vernachlässigt werden; bedeutsam sind hingegen die Diplom-Studiengänge, deren Anzahl im Laufe der 80er Jahre stark angestiegen ist. Eine von der Kultusministerkonferenz und Hochschul-Rektorenkonferenz beschlossene Rahmen-Ordnung ermöglicht die Wahl des „Profils" Leistungssport, an dessen Abschluß die *Berufs*bezeichnung „Diplom-Sportlehrer" oder „Diplom-Sportwissenschaftler" steht. (Demgegenüber verwendet der Absolvent das Wort „Trainer" als *Funktions*bezeichnung.)

Das auf den Erwerb des Diploms zielende Studium führt nicht in den Schuldienst, sondern in den freiberuflichen Bereich. Es wird von den Sportorganisationen im Hinblick auf die Einordnung in das dargestellte Lizenzsystem je nach der nachgewiesenen fachlichen Ausrichtung unterschiedlich berücksichtigt. So kann z. B. diplomierten Bewerbern an der Trainerakademie das erste Halbjahr erlassen werden. Dies sieht zwar nach Willkür aus; ein solcher Vorwurf wäre jedoch nicht gerechtfertigt. Es handelt sich vielmehr um die logische Konsequenz aus der hochgradigen fachlichen Spezialisierung der Trainerlizenzen und -tätigkeiten. Die Legitimation der im Grundsatz vernünftigen, ökonomischen und sachorientierten Regelungen liegt in der Autonomie der Organisationen, ihre eigenen Angelegenheiten selbst zu regeln, soweit sie nicht mit sonstigen rechtlichen Regelungen kollidieren. Dabei ist die Überprüfbarkeit der Entscheidungen durch die Justiz ja gewährleistet, sowohl national als auch auf der Ebene der Europäischen Union.

Das Grundprinzip der Anrechnung nachgewiesener Ausbildungsleistungen gilt auch für ausländische Ausbildungsstätten. Wenn also ein Trainer aus einem anderen Staat nach Deutschland kommt, kann er – wobei die aufenthaltsrechtliche Frage u. ä. hier vernachlässigt wird – grundsätzlich im Sport tätig werden, soweit ihm dort eine Arbeitsmöglichkeit angeboten wird. Genau genommen besteht diese Möglichkeit selbst dann, wenn er über keinerlei formale Qualifikationsnachweise verfügt. Diese Offenheit wird nur dort eingeengt, wo die Verbände ihren Mitgliedern präzise Bedingungen vorgegeben haben und – z. B. für bestimmte Leistungsniveaus – die Beschäftigung von Trainern nur dann zulassen, wenn diese eine genau definierte Trainerlizenz nachweisen können. So fordert z. B. der Deutsche Fußball-Bund von allen in der Bundesliga tätigen Trainern den Besitz der obersten Lizenzstufe, also den Abschluß der o. g. Ausbildung an der Deutschen Sportschule Köln oder eine als äquivalent anerkannte Ausbildung in einem anderen Land, mit dessen Fußballverband der DFB eine entsprechende Vereinbarung auf der Basis der Gegenseitigkeit getroffen hat.

Ein aus dem Ausland kommender Bewerber muß in solchen Fällen also die Wertigkeit seiner Ausbildung innerhalb des deutschen Systems feststellen lassen. Dies kann zur Folge haben, daß er nach der Einordnung in eine niedere Lizenzstufe möglicherweise nicht in einer höheren Leistungsklasse arbeiten kann, ohne zuvor die entsprechend höhere Lizenz hier erworben zu haben. Hieraus resultierten in der Vergangenheit vielfach Streitfälle; zu deren Bewertung ist daran zu erinnern, daß solche Begrenzungen durch die Delegierten der einen Verband konstituierenden Vereine und Landesverbände letztlich selbst so beschlossen und in entsprechenden Ordnungen niedergelegt worden sind. Probleme sind in der Vergangenheit besonders häufig mit Bewerbern entstanden, die aus osteuropäischen Ländern kamen. Der Grund hierfür ist einfach. Eine dem deutschen System vergleichbare Ausbildung im Bereich autonomer Organisationen war dort unbekannt. Die Ausbildung zum Trainer fand – zumindest im gehobenen Leistungsbereich – an Universitäten statt. Im Verfahren der Zeugnisanerkennung konnte nun durch deutsche Verwaltungsinstitutionen die partielle oder vollständige Äquivalenz mit deutschen Hochschulzeugnissen bestätigt werden, ohne daß sich jedoch für die Bewerber hieraus automatisch wirksam werdende Rechte im Verbandsbereich ergaben. Es ist wohl leicht nachvollziehbar, warum diese Bewerber die hier geltenden Regelungen schwer verständlich fanden.

Nicht ganz so problematisch stellt sich die Situation beim Blick auf jene Länder dar, mit denen die Bundesrepublik Deutschland gemeinsam die Europäische Union bildet. Diese hat zwar keine unmittelbaren Befugnisse, in den Sport regulierend einzugreifen. Dennoch hat der europäische Einigungsprozeß zahlreiche Auswirkungen, die seit 1993 in einer jährlichen Veröffentlichung der Europäischen Kommission ausführlich beschrieben werden. Für dieses Thema sind im Vertrag über die Europäische Union vom 7. Februar 1992 die Artikel 6 (Diskriminierungsverbot), 8 (Unionsbürgerschaft), 8 a (Aufenthaltsrecht), 48 (Freizügigkeit der Arbeitnehmer) und 52 (Abbau der Beschränkungen des freien Niederlassungsrechts) von Bedeutung. Durch diese Artikel soll ja die freie Wahl des Lebensmittelpunktes, also der Wohnung und des Arbeitsplatzes, in den Ländern der Europäischen Union gefördert werden, und zwar nicht erst seit dem Maastrichter Vertragswerk, sondern schon seit den Römischen Verträgen von 1956/1957, wodurch erklärlich wird, daß von der Europäischen Kommission im sogenannten „Bosman-Prozeß" wiederholt auf Entscheidungen aus den 70er Jahren hingewiesen wurde. Diese Zielsetzung hemmende Barrieren mußten abgebaut und durch die Fluktuation begünstigende Regelungen ersetzt werden. Der erste Schritt bestand darin, wegen des wechselseitigen Mißtrauens gegenüber der

Ausbildungsqualität in den anderen Ländern Bemühungen um die Definition von Äquivalenzen einzuleiten. Sie führten in den Studiengängen Pharmazie, Architektur und Medizin erst nach mehr als eineinhalb Jahrzehnten zum Erfolg. Gleichzeitig wurde deutlich, daß auf dieser Basis nicht erfolgreich weitergearbeitet werden könne. Diese Einsicht führte schließlich zu zwei Äquivalenz-Richtlinien: die erste vom 21. 12. 1988 (89/48 EWG) bezieht sich auf Studiengänge, die ein mindestens dreijähriges Hochschulstudium voraussetzen und berufsorientiert sind, die zweite vom 18. 6. 1992 (92/51 EWG) betrifft alle sonstigen Ausbildungsgänge und beruflichen Befähigungsnachweise, soweit sie reglementiert sind. Reglementierungen sind bei Berufen gegeben, wenn der Zugang oder die Ausübung im Aufnahmestaat an den Besitz bestimmter berufsbezogener Nachweise gebunden ist. Dabei ist es möglich, daß ein Beruf in einem Staat reglementiert ist, in anderen aber nicht. In solchen Fällen gelten die Bedingungen des aufnehmenden Staats.

Der durch die beiden genannten und jeweils nach zwei Jahren in Kraft getretenen Richtlinien erzielte Gewinn besteht vor allem darin, daß die in einem Land erbrachten Ausbildungsleistungen in anderen Ländern der Europäischen Union anerkannt werden müssen. Es ist – anders als früher – nicht mehr möglich, dem Migranten die Anerkennung der von ihm nachgewiesenen Ausbildung vollkommen zu versagen. Vielmehr gilt jemand, der im Herkunfts-Mitgliedstaat über alle Qualifikationen zur Ausübung eines Berufs verfügt, auch im Aufnahmeland als qualifiziert. Nur in Ausnahmefällen können wesentliche Unterschiede zwischen den Ausbildungsgängen in den beiden Staaten dazu führen, daß dem Migranten bestimmte „Ausgleichsmaßnahmen" (in Form eines Anpassungslehrgangs oder einer Eignungsprüfung) vorgeschrieben werden.

Diese Regelungen gelten natürlich uneingeschränkt auch im Bereich des Sports. Wer also ein sportwissenschaftliches Studium in einem Land der Europäischen Union abgeschlossen hat, kann von der Anerkennung in allen EU-Staaten ausgehen. Bei der Einordnung seiner formalen Qualifikation in das verbandliche Lizenzsystem darf er also nicht schlechter gestellt werden als Bürger des aufnehmenden Staats. Darüber hinaus gelten die zu diesem Aspekt bereits gemachten Ausführungen.

Da die Mehrzahl der im Sport tätigen Personen nicht über eine mindestens dreijährige Hochschulausbildung verfügt, ist die o. g. Richtlinie von 1992/1994 für den Sport bedeutsamer. Es ist jedoch daran zu erinnern, daß sie nur für staatlich reglementierte Berufe gilt. Das trifft in Deutschland z. B. auf die Ausbildung zum Schwimmeister(-gehilfen) zu, die auf der Basis des Berufsbildungsgesetzes erfolgt. Nicht als im Sinne der Richtlinie reglementiert gelten jedoch die Tätigkeiten von Eislauf-, Fecht-, Fußball-, Golf-, Segel-, Reitlehrern usw. Die Personen, die eine solche Qualifikation erworben haben, haben dennoch die Möglichkeit zur freien Wahl des Arbeitsplatzes in einem Land der Europäischen Union, können sich allerdings bei der Anerkennung ihrer Ausbildung nicht von vornherein auf wirksam werdende Automatismen verlassen, da diese eben nur für reglementierte Berufe bestehen. Aber auch bei ihnen kann die Anerkennung nachgewiesener Ausbildungsleistungen und früherer Tätigkeiten nicht einfach verweigert werden. Vielmehr wären nach der Rechtsprechung des Europäischen Gerichtshofs (siehe Urteil „Vlassopoulou" vom 7. 5. 1991, Rs. C-340/89) die Qualifikationen und die Berufserfahrung zu berücksichtigen und in die Entscheidung über eventuelle ergänzende Maßnahmen einzubeziehen.

Bei der Bewertung der verbandsrechtlichen Restriktionen, die auf den ersten Blick mit dem EU-Arbeitsrecht zu kollidieren scheinen, ist zu berücksichtigen, daß die Einschränkungen nicht bedingt sind durch die andere Nationalität eines Bewerbers; sie sind – in diesem Sinne – also nicht diskriminierend. Ihre Begründung liegt vielmehr ausschließlich im fachlichen Bereich. Daß eine solche Begründung mit EU-Recht vereinbar ist, wurde im Zusammenhang mit den o. g. Äquivalenz-Richtlinien dargestellt. Eine vorschnelle Gleichsetzung mit dem Inhalt des „Bosman-Prozesses" wäre also falsch. Anders ist die Situation von Bewerbern aus Staaten, die nicht der EU oder dem EWR angehören. Sie besitzen das Recht auf freie Wahl des Arbeitsplatzes ebensowenig wie das verbürgte Recht auf Anerkennung äquivalenter Ausbildungsleistungen, wobei sich die Rechtslage unterscheidet von dem faktischen Bemühen staatlicher und verbandlicher Stellen, auch solchen Bewerbern gerecht zu werden. Eine Zwischenposition ist nur bei Bewerbern aus Staaten gegeben, mit denen die Europäische Union Assoziationsabkommen geschlossen hat. Sie sind arbeitsrechtlich – und folglich auch im Verfahren der Äquivalenz-Feststellung – wie Bewerber aus EU-Staaten zu behandeln, sofern sie zuvor die hohen aufenthaltsrechtlichen Hürden genommen haben.

Seit längerer Zeit führt das Europäische Zentrum für die Förderung der Berufsbildung (CEDEFOP, bisher Berlin, jetzt Thessaloniki) umfangreiche Arbeiten durch, um für Berufsfelder Festlegungen zu treffen, die Aussagen über Fähigkeiten und Fertigkeiten der Inhaber von bestimmten Befähigungsnachweisen enthalten. Das CEDEFOP hat auf diesem Sektor sehr fruchtbare Arbeit geleistet und z. B. die Berufsfelder Tourismus oder Gastronomie nach einem fünfstufigen System gegliedert, das sowohl einfachste helfende Tätigkeiten als auch Führungspositionen enthält und das gesamte dazwischenliegende Panorama an unterschiedlichen Ausbildungen und Qualifikationen überschaubar macht. Zwar hat das CEDEFOP selbst die Tätigkeiten im Sport noch nicht aufgegriffen; dennoch hat sich das von ihm entwickelte Schema als außerordentlich fruchtbar erwiesen.

Das im Jahr 1991 gegründete „Europäische Netzwerk sportwissenschaftlicher Institutionen", dem inzwischen mehr als 200 Einrichtungen angehören, hat sich der CEDEFOP-Erfahrungen bedient und seinerseits ein fünfstufiges System entworfen, in dem die verschiedenen Formen der Trainerausbildung in den europäischen Ländern plaziert wurden. Dabei war aus deutscher Sicht erfreulich, daß die hier bestehende Ausbildungsstruktur den fünf Stufen direkt entspricht: vom Trainer C in der Stufe 1 über die B- und A-Lizenz zum Diplomtrainer in Stufe 4 und zum Diplom-Sportlehrer oder -Sportwissenschaftler (mit dem Profil Leistungssport) in Stufe 5. Für die einzelnen Stufen liegen klare Definitionen hinsichtlich der Mindestausbildungsumfänge und der Prüfungsinhalte sowie eventuell nachzuweisender Tätigkeitsdauer als Trainer vor. Damit existiert nicht nur ein Rahmen für weitere inhaltliche Harmonisierungsschritte, an denen gegenwärtig gearbeitet wird; vielmehr erleichtert dieser Rahmen den fast unzähligen nationalen Verbänden in den Staaten der Europäischen Union die immer noch im Einzelfall zu treffende Entscheidung, wie die Lizenz eines Migranten in das eigene nationale System eingeordnet werden kann. Eine vom Verfasser angestellte Analyse zu der Frage, wie die Sportorganisationen diese Möglichkeit nutzen, hat im Jahr 1995 allerdings deutlich gemacht, daß die Fortschritte noch weit hinter den Möglichkeiten zurückbleiben. So sind die meisten Verbände nach wie vor nicht bereit, ihre jeweils höchsten Lizenzen ausschließlich über ein Äquivalenz-Anerkennungsverfahren zu vergeben, sondern erwarten in der Regel ergänzende Lehrgangsteilnahmen in Deutschland. Besonderes Merkmal ist, daß die Verbände sich in ihrer überragenden Mehrheit nicht an der Existenz der Europäischen Union orientieren, sondern mit Regelungen arbeiten, die undifferenziert gesamteuropäisch oder global ausgerichtet sind.

Wegen der besonderen Bedeutung des Deutschen Fußball-Bundes und seiner Vereine sei auf die dort bestehende Regelung besonders hingewiesen: es gibt keine generelle international wirksame Regelung, sondern Abkommen des DFB über die gegenseitige Anerkennung von Trainerqualifikationen mit den Fußball-Verbänden der folgenden Staaten (Stand 1995): Frankreich, Italien, Schweiz, Niederlande, Österreich und Tschechische Republik. Bewerber aus diesen Ländern haben also bessere Chancen, daß ihre im Herkunftsland erworbene Lizenz in Deutschland auf der Basis dieser Abkommen ohne „Nachbesserung" anerkannt wird, während sonstige Bewerber – unabhängig davon, ob sie EU-Bürger sind oder nicht – sich einem Verfahren stellen müssen, in dem alle Ausbildungsnachweise im Hinblick auf ihre Anrechenbarkeit überprüft und bewertet werden.

Die gegenwärtige Sachlage wird insbesondere den integrationspolitisch orientierten Europäer enttäuschen. Der Grund liegt sicherlich zum einen darin, daß die Sportorganisationen sich entweder national oder aber gesamteuropäisch (und nicht nur EU-bezogen) orientieren; zum anderen spielt eine Rolle, daß das dargestellte System des „Europäischen Netzwerks..." erst seit 1994 verwendbar geworden ist. Mit etwas Optimismus kann erwartet werden, daß dieses System der wechselseitigen Anerkennung sich in den nächsten Jahren erheblich ausweiten wird. Dabei werden auch Verbände jener Länder, die nicht der Europäischen Union angehören, sich diesem System anschließen können. Je mehr Länder es akzeptieren, um so mehr wird die Arbeitsaufnahme in einem anderen Land zur Normalität.

Die Autonomie verbandsrechtlicher Regelungen zu bestätigen, gehört zu den Grundprinzipien einer demokratischen Gesellschaft. Wer sich daran hält, kann im Bereich der Trainertätigkeit auf staatliche Steuerungsinstrumente, z. B. auf spezielle Gesetze, verzichten. Diese Auffassung wird erkennbar auch vom Europäischen Gerichtshof vertreten, der in vorliegenden Urteilen die fachliche Gleichwertigkeit höher bewertet als eine nationalgesetzliche Regelung, z. B. das französische brevet d'Etat. Es ist zu wünschen, daß diese Sichtweise mehr und mehr Raum greift und die Sportorganisationen die zu ihrem Wirksamwerden erforderlichen Voraussetzungen schaffen.

Weiterführende Literatur:

Europäische Gemeinschaft – Europäische Union: Die Vertragstexte von Maastricht mit den deutschen Begleitgesetzen, Europa-Union Verlag, Bonn 1993

Europäische Kommission, Generaldirektion X: Studie über den Einfluß der Tätigkeit der Europäischen Union auf den Sport (erarbeitet von Coopers & Lybrand), Brüssel, 1995

Deutscher Sportbund: Ausbildungs- und Studienmöglichkeiten im Sport, Frankfurt a. M., 1995

Deutscher Sportbund: Rahmen-Richtlinien für die Ausbildung im Bereich des DSB, Frankfurt a. M., 1990

Tokarski/Petry (Hrsg.): Das Europa des Sports, Köln 1993

Herausgeber und Autoren

Walter Dury
geb. 1944, nach Militärdienst Studium der Staats- und Rechtswissenschaften in Heidelberg und Saarbrücken. 1971 erste juristische Staatsprüfung, Referendariat, wissenschaftlicher Mitarbeiter Universität Saarbrücken, 1974 zweite juristische Staatsprüfung. Richter am Landgericht Zweibrücken, 1981 Richter am Pfälzischen Oberlandesgericht Zweibrücken, 1992 Präsident des Landgerichts Kaiserslautern, 1995 Präsident des Pfälzischen Oberlandesgerichts Zweibrücken. Erfahrungen als aktiver Sportler, Trainer, im Vereinsvorstand, im Verbandsschiedsgericht. Mitglied im Beirat des Konstanzer Arbeitskreises für Sportrecht e. V., Veröffentlichungen zum Immissionsschutz, insbesondere bei Sportlärm.

Wolfgang Holzer
geb. 1941, Studium der Rechtswissenschaften in Graz. 1963 Promotion, 1964 Notariatskandidat, 1966 Wehrdienst, 1967 Rechtsreferent bei der Kammer für Arbeiter und Angestellte, 1970 wissenschaftlicher Assistent Universität Graz, 1981 Habilitation, 1985 a. o. Professor. Mitglied u. a. der österreichischen und der internationalen Gesellschaft für Arbeitsrecht und Sozialrecht. Zahlreiche rechtswissenschaftliche, insbesondere arbeitsrechtliche Veröffentlichungen, auch sportrechtliche Abhandlungen (u. a. „Handbuch des österreichischen Skirechtes" 1987; „Der Fall Bosman und der österreichische Sport" 1996).

Walfried König
geb. 1938, Studium der Romanistik, Sportwissenschaft, Pädagogik und Philosophie. 1964 Gymnasiallehrer in Schramberg, 1969 Dezernent Oberschulamt Tübingen, ab 1975 Kultusministerium bzw. Ministerium für Stadtentwicklung, Kultur und Sport Nordrhein-Westfalen, zuletzt Leitender Ministerialrat, seit 1975 Vertretung der Länder in der internationalen Sportpolitik (UNESCO, Europarat, Europäische Union). Erfahrungen als Fußballspieler, Trainer, Vorstandsmitglied des Württembergischen Fußballverbandes und des Württembergischen Landessportbundes, in Ausschüssen des Landessportbundes NRW, im Beirat des „Freiburger Kreises". Seit 1989 Lehrbeauftragter an der Deutschen Sportschule Köln.

Entscheidungshilfen.

Das »Handbuch für die Vereinsführung« bietet dem Benutzer die Möglichkeit, sich schnell und umfassend über alle Gebiete des Vereinslebens zu unterrichten. Er verfügt immer über den neuesten Informationsstand, da das Werk durch regelmäßige Ergänzungslieferungen aktualisiert wird.

Handbuch für die Vereinsführung

Recht – Finanzen – Organisation

herausgegeben von Alfred Entenmann, bearbeitet von Alfred Entenmann, Dr. Dieter Deuschle, Rudolf Härer, Thomas Kruger, Dr. jur. Hans Schaible, Dr. med. Bertram Tschirdewahn und Peter Wochinger

Loseblattwerk, etwa 1120 Seiten, DM 78,–/sfr 70,50/öS 569,– einschl. zwei Ordnern (Mengenpreise)

ISBN 3-415-01427-4

Der Leser erhält aus der Hand erfahrener und bekannter Vereinsexperten ein unschätzbares Potential an komprimiertem Vereinsfachwissen, das nie veraltet.

In sieben Kapiteln widmen sich die Autoren ausführlich allen Vereinsthemen: Ausgehend vom Vereinsrecht und der Vereinsführung, über das Personal-, Finanz- und Haushaltswesen bis hin zu Fragen der Steuern und Gemeinnützigkeit, vom Umgang mit Gemeinden bis zur Gesundheitsvorsorge im Verein – alle Bereiche des Vereinslebens werden überschaubar dargestellt und erschöpfend behandelt.

Zu beziehen bei Ihrer Buchhandlung oder beim
RICHARD BOORBERG VERLAG · 70551 Stuttgart

BOORBERG

„Recht sportlich.

Die Olympischen Spiele in Atlanta haben es wieder gezeigt: Sponsoring ist zu einem zentralen Element des kommerzialisierten Sports geworden.

Sponsoring im Sport

herausgegeben von Klaus Vieweg

mit Beiträgen von Oliver Luck und Thomas Kriwat, Thomas Klooz, Bernhard Reichert, Klaus Vieweg

1996, 91 Seiten, DM 38,–/sfr 35,–/öS 277,–

Recht und Sport, Band 20
ISBN 3-415-02221-8

Der Konstanzer Arbeitskreis für Sportrecht hat sich mit seiner Tagung »Sponsoring im Sport« am 19./20.5.1995 in Berchtesgaden zum Ziel gesetzt, den rechtswissenschaftlichen Forschungsstand auf diesem Gebiet zu verbessern. Dieser Band vereinigt die vier in Berchtesgaden gehaltenen Vorträge aus Wissenschaft und Praxis.

Die Themen im Überblick:

Oliver Luck und Thomas Kriwat,
Moderne Tendenzen im Sportsponsoring in den USA

Thomas Klooz,
Sportsponsoring – Ein etabliertes Instrument der Unternehmenskommunikation

Bernhard Reichert,
Sponsoring und nationales Sportverbandsrecht

Klaus Vieweg,
Sponsoring und internationale Sportverbände

Zu beziehen bei Ihrer Buchhandlung oder beim
RICHARD BOORBERG VERLAG · 70551 Stuttgart

ⓑ|BOORBERG